Liebe Schülerin, lieber Schüler,

dieses Heft soll dich bei der Vorbereitung auf die Prüfung DELF A1 unterstützen.

Der erste Teil des Heftes liefert dir zahlreiche **Informationen** zu den folgenden Teilen der DELF-Prüfung:
- Compréhension de l'oral (Hörverstehen)
- Compréhension des écrits (Leseverstehen)
- Production écrite (Schreibfertigkeit)
- Production orale (Sprechfertigkeit)

Du findest dort neben zahlreichen **Tipps** auch eine Übersicht an **sprachlichen Hilfsmitteln**, die für die Bearbeitung sehr hilfreich sind.

Der zweite Teil des Heftes umfasst **drei Prüfungssets** mit Übungen und Tipps zu den einzelnen Teilbereichen des DELF A1. Gleich im Anschluss findest du **Musterlösungen** zu den Aufgaben und **Tandembögen** für den mündlichen Teil der Prüfung. So kannst du deine Lösungen selbstständig überprüfen und korrigieren.

Im Anhang des Heftes findest du einen Tandembogen mit Musterdialogen zu dem Thema *Parler de moi* sowie **Mindmaps** mit wichtigen Vokabeln zu verschiedenen Themen.

Viel Erfolg bei der Prüfung DELF A1 wünscht dir das Tous ensemble-Team

Inhaltsverzeichnis

Übersicht über die gesamte Prüfung

Beschreibung der vier Teilprüfungen mit Tipps

Examen 1

Examen 2

Examen 3

Tandembogen – Entretien dirigé

Mindmaps

Wie kann ich mich weiter verbessern?

Track	Examen	Einsatz	Titel der Übung	Spielzeit
1	1	Exercice 1 – 1ère écoute	Annonce	00:58
2	1	Exercice 1 – 2e écoute	Annonce	00:28
3	1	Exercice 2 – 1ère écoute	Message	01:08
4	1	Exercice 2 – 2e écoute	Message	00:38
5	1	Exercice 3 – 1ère écoute	Dialogue de la vie courante	01:19
6	1	Exercice 3 – 2e écoute	Dialogue de la vie courante	00:49
7	1	Exercice 4 – 1ère écoute	Dialogues et situations	02:21
8	1	Exercice 4 – 2e écoute	Dialogues et situations	01:51
9	2	Exercice 1 – 1ère écoute	Annonce	00:55
10	2	Exercice 1 – 2e écoute	Annonce	00:25
11	2	Exercice 2 – 1ère écoute	Message	00:56
12	2	Exercice 2 – 2e écoute	Message	00:26
13	2	Exercice 3 – 1ère écoute	Dialogue de la vie courante	01:10
14	2	Exercice 3 – 2e écoute	Dialogue de la vie courante	00:40
15	2	Exercice 4 – 1ère écoute	Dialogues et situations	02:03
16	2	Exercice 4 – 2e écoute	Dialogues et situations	01:33
17	3	Exercice 1 – 1ère écoute	Annonce à la radio	01:14
18	3	Exercice 1 – 2e écoute	Annonce à la radio	00:44
19	3	Exercice 2 – 1ère écoute	Message	01:06
20	3	Exercice 2 – 2e écoute	Message	00:36
21	3	Exercice 3 – 1ère écoute	Dialogue de la vie courante	01:21
22	3	Exercice 3 – 2e écoute	Dialogue de la vie courante	00:51
23	3	Exercice 4 – 1ère écoute	Dialogues et situations	02:17
24	3	Exercice 4 – 2e écoute	Dialogues et situations	01:47
25	1–3	Fragen zur Production orale	Entretien dirigé	01:56

Übersicht über die gesamte Prüfung

Die Prüfung umfasst vier Teile, von denen drei in der Gruppe und einer als Einzelprüfung abgelegt werden. Zu allen Teilen findest du im nächsten Kapitel weitere Erläuterungen und viele Tipps.

Art der Aufgabe	Dauer	Punktzahl
Gruppenprüfung		
Compréhension de l'oral Fragen zu 3 – 4 kurzen Hördokumenten zu Alltagsthemen	ca. 20 Minuten	25
Compréhension des écrits Fragen zu 3 – 4 kurzen Texten zu Alltagsthemen	30 Minuten	25
Production écrite 2 Aufgaben: – Ein Formular ausfüllen, – Einfache Sätze (Postkarte, Nachricht etc.) zu Alltagsthemen verfassen.	30 Minuten	25
Einzelprüfung		
Production orale 3 Teile: – entretien dirigé; – échange d'informations; – dialogue simulé.	5 – 7 Minuten Vorbereitung: 10 Minuten	25
Gesamtdauer der Gruppenprüfung: 1 Stunde 20 Minuten	Gesamtpunktzahl	100

Du kannst maximal 25 Punkte pro Prüfungsteil erlangen, insgesamt also 100 Punkte. Du musst insgesamt mindestens 50 Punkte und pro Prüfungsteil mindestens 5 Punkte erreichen.

Du darfst in keinem Prüfungsteil weniger als 5 Punkte haben, sonst gilt die ganze Prüfung als nicht bestanden!

Beschreibung der vier Teilprüfungen mit Tipps

Compréhension de l'oral

Dauer: ca. 20 Minuten   **Gesamtpunktzahl: 25**

Was erwartet dich in diesem Prüfungsteil?
Du hörst drei oder vier sehr kurze Hördokumente, die zusammen höchstens 3 Minuten dauern.
Die **Hördokumente** können sein: kurze (Sprach-)Nachrichten, kurze Ansagen an öffentlichen Orten (Flughafen, Bahnhof, Kaufhaus, …), kurze Interviews oder Dialoge, die Fotos zuzuordnen sind.

Insgesamt dauert dieser Prüfungsteil ca. 20 Minuten.
Vor **jedem** Dokument hast du jeweils 30 Sekunden Zeit, um die Fragen durchzulesen.
Dann hörst du die Aufnahme zum ersten Mal und hast 30 Sekunden Zeit, um die Fragen zu beantworten. Dann hörst du die Aufnahme zum zweiten Mal und hast genug Zeit, um die restlichen Fragen zu beantworten und deine Antworten zu ergänzen oder zu korrigieren.

Es gibt verschiedene **Aufgabentypen:**
– Aufgaben zum **Globalverständnis:** Dialoge, denen Bilder zuzuordnen sind.
– Aufgaben zum **Detailverständnis:** Fragen oder Aussagen, die mit Hilfe einer Multiple Choice-Auswahl zu beantworten sind oder ergänzt werden müssen.

> **TIPP**
>
> - Vor dem ersten Anhören ist es wichtig, dass du dir die **Aufgaben genau durchliest** und überlegst, worum es in dem Hördokument gehen könnte und welche Antworten logisch richtig wären.
> - Achte beim Hören auch auf die **Stimmen der Sprecher**, ihren Tonfall und **Geräusche**. Sie können dir helfen, die Situation richtig einzuschätzen und Zusammenhänge besser zu verstehen.
> - Solltest du beim ersten Anhören nicht sofort alle Fragen beantworten können, ist dies nicht schlimm. Es gibt ja noch einen **zweiten Durchgang**!
> - Versuche, zu allen Fragen eine **Antwort** zu geben, auch wenn du dir nicht sicher bist.
> - Es ist ganz normal, dass unbekannte Wörter vorkommen. Dies ist aber kein Problem, weil man nicht immer alle Wörter verstehen muss, um die Fragen beantworten zu können.

Du musst keine ganzen Sätze schreiben, nur einzelne Wörter oder Zahlen ergänzen.

*Achte auf **Schlüsselwörter**!*

*Denke daran, dass man sich einige Wörter erschließen kann, siehe **Worterschließungstechniken** (S. 6). Sie könne dir eine große Hilfe sein.*

Compréhension des écrits

Dauer: 30 Minuten   **Gesamtpunktzahl: 25**

Was erwartet dich in diesem Prüfungsteil?
In diesem Prüfungsteil beantwortest du Fragen zu drei oder vier kurzen Texten. Dabei kann es sich um folgende Textsorten handeln:
– kurze Anzeigen (Zeitung / Internet / …)
– Schilder / Plakate
– persönliche Nachricht / Postkarte / E-Mail / …
– Pläne / Karten
– Werbe- oder Katalogtexte

> **TIPP**
>
> - Du hast für das gesamte Leseverstehen **30 Minuten** Zeit.
> - Versuche, zu **jeder** Aufgabe eine Antwort zu geben, auch wenn du dir nicht sicher bist.
> - Mach dir bewusst, dass du nicht jedes einzelne Wort eines Textes kennen musst, um den **Inhalt** verstehen zu können.
> - Bei der Beantwortung der Fragen darfst du **Aussagen aus dem Text wörtlich übernehmen** und musst keine eigenen Sätze formulieren.
> - Wenn du dir bei einer Frage nicht sicher bist, **markiere** diese, z. B. mit einem Fragezeichen. So kannst du dich am Ende der Prüfung noch einmal gezielt mit den Fragen beschäftigen, die noch unklar sind.

Teile dir deine Zeit gut ein, damit du für alle Übungen genug Zeit hast.

Oft helfen Wörter der gleichen Wortfamilie oder ähnliche Ausdrücke beim Finden der Antwort, S. 6.

Production écrite

Dauer: 30 Minuten   **Gesamtpunktzahl: 25**

Was erwartet dich in diesem Prüfungsteil?

Dieser Prüfungsteil besteht aus zwei Aufgaben.

1. Ein Formular ausfüllen:
   Mit dem Formular möchtest du dich z. B. in einem Sportclub, für einen Wettbewerb o. ä. anmelden.
2. Einen kurzen Text schreiben:
   Du schreibst einen Text von mind. 40 Wörtern für eine Postkarte, eine kurze Nachricht oder eine Notiz.

TIPP

• Es geht weniger um deine rein sprachlichen Fähigkeiten (d. h. Wortschatz und Grammatik), sondern um passende **Inhalte** zur angegebenen Situation und um die formale Gestaltung des Textes, d. h. die korrekte **äußere Form** einer Postkarte oder persönlichen Nachricht.

Grille d'évaluation – Bewertungskriterien

Du kannst maximal 25 Punkte erreichen und du musst mindestens 5 Punkte erlangen, um die gesamte Prüfung zu bestehen.

Wie viele Punkte werden vergeben?	Worauf muss ich genau achten?
Exercice 1 (10 points)	Du sollst zeigen, dass du in der Lage bist, ein Formular auszufüllen. Pro richtigen Eintrag erhältst du einen Punkt.
Exercice 2 (15 points)	Du schreibst einen kurzen Text: eine Postkarte, E-Mail oder Notiz.
Respect de la consigne (2 points) Beachtung der Arbeitsanweisung	Habe ich die Arbeitsanweisung genau gelesen und verstanden? Ist die Länge meines Textes angemessen (mind. 40 Wörter)? **TIPP** • Beim **Wörterzählen** sparst du dir Zeit, wenn du zunächst die Wörter **einer** Zeile zählst und diese Zahl dann mit der Anzahl der Zeilen deines Textes multiplizierst. • Im Französischen werden Wortzwischenräume gezählt. (*c'est* = 1 Wort, *il y a* = 3 Wörter)
Correction sociolinguistique (2 points) Einhaltung äußerer Textform	Habe ich die richtige Anrede *(tu / vous)* und passende Anfangs- und Schlussformeln verwendet? **TIPP** • Gängige **Briefformeln** findest du auf S. 10.

Es ist wichtig, dass du eine saubere und leserliche Reinschrift abgibst. Mache dir kurze Notizen und teile dir die Zeit gut ein.

In der Tabelle stehen die Kriterien, nach denen dein Prüfer deine Leistung bewertet.

Um herauszufinden, wie viele Wörter durchschnittlich in deiner Handschrift in einer Zeile stehen, schreibe einige Sätze einer Musterlösung ab und zähle die Wörter in einer Zeile.

Capacité à informer et / où à décrire (4 points) Fähigkeit, zu informieren und Aktivitäten zu beschreiben	Habe ich über mich und meine Aktivitäten berichtet? **TIPP** Lies dir die Arbeitsanweisung genau durch, markiere die wichtigsten Punkte farbig und hake sie beim nochmaligen Durchlesen deines Textes ab.
Lexique / orthographe lexicale (3 points) Wortschatz / Rechtschreibung	Habe ich möglichst viele relevante Wörter eingebaut, um mich und mein Umfeld zu beschreiben? **TIPP** • Lerne Vokabeln am besten **thematisch geordnet**, z. B. in Form von Mindmaps (S. 67 ff). • Bevor du zu schreiben beginnst, kann auch ein kurzes **Brainstorming** zum Thema helfen.

Morphosyntaxe / orthographe grammaticale (3 points)
Grammatikalische Richtigkeit
	Kann ich einfache grammatikalische Strukturen verwenden?
	
	TIPP
	
	• Achte auf die richtigen Verbformen, insbesondere bei den unregelmäßigen Verben (z. B. *avoir, être, aller, faire, prendre, acheter, mettre, manger, vouloir, pouvoir, etc.*)
	• Achte auf die korrekte Verwendung der Possessivbegleiter *(mon, ma, mes, etc.)*.
	• Vergiss nicht,
	  – dass du Adjektive an das Nomen angleichen musst *(une histoire intéressant**e**)* und
	  – dass bestimmte Adjektive vor das Nomen gestellt werden *(une **petite** ville)*.
	• Achte darauf, dass du einfache Satzkonstruktionen sowie Fragen fehlerfrei gebildet hast.

Cohérence et cohésion (1 point) Textaufbau / logische Verbindung der Inhalte	Habe ich einfache Überleitungen verwendet? **TIPP** • Einfache Überleitungen können sein: *et, alors*.

Vermeide Wiederholungen!

Rechtschreibfehler führen nur zu Punktabzug, wenn der Sinn der Aussage nicht mehr zu erkennen ist.

Production orale

Dauer: 5 – 7 Minuten (+ 10 Min Vorbereitungszeit)   **Gesamtpunktzahl: 25**

Die mündliche Prüfung besteht aus drei Teilen:
1. *Entretien dirigé:* Fragen zur eigenen Person und dem eigenen Umfeld beantworten,
   Länge: 1 – 2 Minute, ohne Vorbereitung;
2. *Echange d'informations:* Fragen zu einem Thema stellen,
   Länge: ca. 2 Minuten, mit Vorbereitung;
3. *Dialogue simulé ou jeu de rôle:* Gespräch in einer Alltagssituation,
   Länge: ca. 2 Minuten, mit Vorbereitung.

Für Teil 2 und 3 stehen dir insgesamt 10 Minuten Vorbereitungszeit zur Verfügung.

TIPP

• Um kurze Sprechpausen zu überbrücken, kannst du **Füllwörter** verwenden, wie z. B.
  Enfin … / Ben … / Alors … / Donc … / C'est-à-dire / Comment dire?
• Hast du eine **Frage nicht verstanden**, frage auf Französisch nach:
  – *Pardon, je n'ai pas bien compris.*
  – *Pouvez-vous répéter, s'il vous plaît?*
  – *Qu'est-ce que vous voulez dire?*
• Wenn dir ein wichtiges **Wort fehlt**, versuche …
  – es zu **umschreiben** (z. B. *des baskets → des chaussures pour faire du sport*),
  – einen **Oberbegriff** zu finden (z. B. *C'est un vêtement.*),
  – es durch das **Gegenteil** zu erklären (z. B. *Il n'est pas grand. → Il est petit.*).

Was erwartet dich in diesem Prüfungsteil?

Exercice 1: Entretien dirigé

Im ersten Teil sollst du zeigen, dass du **Fragen über dich**, deine Familie, deine Vorlieben und Hobbies beantworten kannst.

> **TIPP**
>
> - **Begrüße** deinen Prüfer mit „Bonjour, Madame / Monsieur".
> - Da dieser Teil der Prüfung **immer gleich** abläuft, hast du die Möglichkeit, dich bereits im Vorfeld darauf vorzubereiten.
> - Der Tandembogen im Anhang kann dir hierbei helfen (S. 65 / 66).
> - Sinnvoll ist auch, dir im Vorfeld **stichpunktartig** zu notieren, was du sagen möchtest. Dein Lehrer korrigiert es dir bestimmt gerne!
> - Gehe auf die Fragen deines Prüfers ein!
> - Die möglichen Prüferfragen findest du in den Lösungsteilen jedes Examen. Außerdem kannst du sie dir auf der CD (Track 25) anhören und so diesen Teil der Prüfung üben.

Exercice 2: Echange d'informations

Du ziehst sechs Karten mit Stichwörtern, zu denen du **deinem Prüfer Fragen stellst**, um ihn besser kennen zu lernen. Du hast Zeit, dich vorzubereiten und dir Notizen zu machen.

Beispiele:

DATE DE NAISSANCE? *Vous avez quel âge?*	DOMICILE? *Où est-ce que vous habitez?*

> **TIPP**
>
> - Wiederhole die Fragetypen, die du bereits gelernt hast (Est-ce que-Frage: *Où est-ce que vous habitez?*, Intonationsfrage: *Vous aimez les animaux?*). Wiederhole häufig verwendete Fragewörter: *comment, où, pourquoi, quand, qui, que.*
> - Im Lösungsteil findest du jeweils mögliche Fragen zu den vorgegebenen Themen.

Exercice 3: Dialogue simulé ou jeu de rôle

Du führst mit deinem Prüfer ein **Alltagsgespräch** oder spielst ein **Rollenspiel** in einer vertrauten Situation. Du ziehst zwei Situationen und darfst dich für eine entscheiden. Du hast Zeit, dich vorzubereiten und dir Notizen zu machen.

Beispiele:
- etwas einkaufen,
- eine Bestellung aufgeben,
- eine Information einholen,
- eine Einladung annehmen oder ablehnen.

> **TIPP**
>
> - Achte darauf, welche **Rolle** der Prüfer spielt und überlege dir, ob du ihn in der vorgegebenen Situation siezen musst.
> - Mit den Tandembögen mit **Beispieldialogen** in den Lösungsteilen kannst du üben, typische Alltagssituationen zu bewältigen.
> - Die **Mindmaps** (S. 67 ff) helfen dir, über verschiedene **Alltagsthemen** zu sprechen.

Grille d'évaluation – Bewertungskriterien

Du kannst maximal 25 Punkte erreichen und du musst mindestens 5 Punkte erlangen, um die gesamte Prüfung zu bestehen.

Wie viele Punkte werden pro Kriterium maximal vergeben?	Worauf muss ich genau achten?
Exercice 1	
Entretien dirigé (5 points)	Kann ich die Fragen des Prüfers beantworten, mich vorstellen und meine Familie, Vorlieben, Hobbies usw. beschreiben?
Exercice 2	
Echange d'informations (4 points)	Kann ich einfache Fragen formulieren und die Antworten des Prüfers verstehen?
Exercice 3	
Dialogue simulé ou jeu de rôle (7 points)	Kann ich ein Alltagsgespräch führen, z.B. etwas einkaufen oder bestellen, mich informieren, um etwas bitten oder einfache Anweisungen verstehen und geben? Kann ich eine Person angemessen begrüßen und einfache Höflichkeitsformen anwenden?
Pour l'ensemble des trois parties de l'épreuve	
Lexique (étendue et maîtrise) (3 points)	Verfüge ich über genügend Wortschatz, um einfache, konkrete Alltagssituationen zu bewältigen? **TIPP** • Lerne Vokabeln am besten thematisch geordnet, z.B. in Form von Mindmaps (ab S. 67).
Morphosyntaxe (4 points)	Kann ich mich mithilfe von einfachen Satzstrukturen ausdrücken? **TIPP** • Achte darauf, dass du einfache Satzkonstruktionen mit *et* und *alors* und Fragen verwendest.
Maîtrise du système phonologique (3 points)	Habe ich eine gut verständliche Aussprache? **TIPP** • Bei Sprechpausen kannst du Füllwörter verwenden, vgl. S. 7.

In der Tabelle stehen die Kriterien, nach denen dein Prüfer deine Leistung bewertet.

Keine Angst, wenn der Prüfer nachfragt. Er will dir damit helfen.

*Die letzten drei Kriterien gelten für **alle** drei Bestandteile dieses Prüfungsteils.*

Einzelne Fehler werden akzeptiert. Hauptsache ist, dass man dich versteht.

Nimm dir Zeit zum Überlegen, es ist ganz natürlich, wenn es zu kurzen Sprechpausen kommt.

Wortschatz

Gängige Briefformeln

Zu Beginn:
- Cher / Chère …,
- Salut …,

Vorsicht: Nach der Anrede (Komma hinter dem Namen nicht vergessen) wird in der neuen Zeile mit einem Großbuchstaben begonnen!

Zum Abschluss:
- Je t'embrasse, …
- A bientôt, …
- Grosses bises, …
- Bisous, …
- A plus, …

Achtung: Nach der Schlussformel steht ein Komma, danach schreibst du nur deinen Namen (ohne Possessivpronomen)!

Nützliche Ausdrücke

- um sich zu bedanken:
  Merci beaucoup pour ta lettre / ton mail.
  Un grand merci pour …
  Merci (bien), Monsieur / Madame.

- um sich zu entschuldigen:
  Pardon, mais …
  Excuse-moi, s'il te plaît. / Excusez-moi, s'il vous plaît.

- um etwas vorzuschlagen:
  Tu as envie d'aller … / de faire …?
  Est-ce que vous avez / tu as le temps de …?

- um eine Einladung anzunehmen / abzulehnen:
  Merci beaucoup pour ton invitation.
  Malheureusement, je ne peux pas venir parce que …
  Désolé(e), mais je n'ai pas le temps.
  Peut-être une autre fois.

1 Compréhension de l'oral   25 points

Pour répondre aux questions, cochez (x) la bonne réponse ou écrivez l'information demandée.

Bevor du mit den Aufgaben zum Hörverstehen beginnst, lies dir bitte die Hinweise zur Compréhension de l'oral auf S. 5 genau durch.

Exercice 1: Annonce   4 points

> Vous allez entendre deux fois un document. Il y a 30 secondes de pause entre les deux écoutes puis vous avez 30 secondes pour vérifier vos réponses. Lisez les questions.

Vous êtes dans une gare en France. Vous entendez cette annonce. Répondez aux questions.

1. Le message annonce …   1 point
   - ☐ le départ d'un train.
   - ☐ l'arrivée d'un train.
   - ☐ un problème sur un train.

2. Quel est le numéro du train?   2 points

   …….. …….. / …….. ……..

3. Le train va où?   1 point
   - ☐ A Paris.
   - ☐ A Strasbourg.
   - ☐ A Lyon.

Exercice 2: Message   5 points

> Vous allez entendre deux fois un document. Il y a 30 secondes de pause entre les deux écoutes puis vous avez 30 secondes pour vérifier vos réponses. Lisez les questions.

Vous êtes en France. Un ami français vous laisse un message.
Répondez aux questions.

1. Hugo a téléphoné pour …   1 point
   - ☐ vous parler de ses amis.
   - ☐ vous parler d'un parc.
   - ☐ vous proposer une sortie.

2. Qu'est-ce qu'il organise?   1 point

☐   ☐   ☐

3. C'est quel jour? C'est ………………………………………………………….   2 points

4. Dans le message, Hugo vous demande de …   1 point
   - ☐ venir au parc.
   - ☐ téléphoner.
   - ☐ prendre le bus.

Exercice 3: Dialogue de la vie courante   6 points

> Vous allez entendre deux fois un document. Il y a 30 secondes de pause entre les deux écoutes puis vous avez 30 secondes pour vérifier vos réponses. Lisez les questions.

Vous êtes en France. Vous entendez ce dialogue. Répondez aux questions.

1. C'est où?   1 point
   - ☐ Dans un bar.
   - ☐ Dans une épicerie.
   - ☐ Dans une boulangerie.

2. Qu'est-ce que le client achète?   3 points

   – ....

   – ....

   – ....

3. Quel est le prix à payer? .... €   2 points

Exercice 4: Dialogues et situations   10 points
2 points par bonne réponse

> Vous allez entendre 5 petits dialogues correspondant à 5 situations différentes. Il y a 15 secondes de pause après chaque dialogue. Notez sous chaque image le numéro du dialogue qui correspond. Puis vous allez entendre à nouveau les dialogues. Vous pouvez alors compléter vos réponses. Regardez les images. Attention, il y a 6 images (A, B, C, D, E et F) mais seulement 5 dialogues.

Image A

Dialogue n° ....

Image B

Dialogue n° ....

Image C

Dialogue n° ....

Image D

Dialogue n° ....

Image E

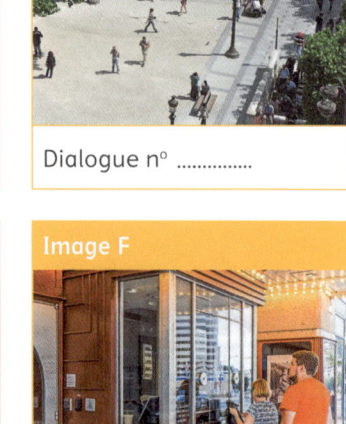

Dialogue n° ....

Image F

Dialogue n° ....

2 Compréhension des écrits   25 points

*Vergiss bitte nicht, dir die Hinweise zur **Compréhension des écrits** auf S. 5 durchzulesen.*

Pour répondre aux questions, cochez (✗) la bonne réponse ou écrivez l'information demandée.

Exercice 1: Avis de recherche   6 points

Vous êtes en France. Vous voyez ce document dans la rue.

AVIS DE RECHERCHE

Depuis le 2 mai, notre chat a disparu.
Nous sommes très inquiets.
Est-ce que vous l'avez vu dans le quartier?
Si vous avez des informations, merci de me contacter.

Françoise – 06 78 25 48 35

Ramsès – 8 ans

Répondez aux questions.

1. Comment s'appelle le chat? ....   1 point

2. Il a quel âge? ....   1 point

3. Comment s'appelle la propriétaire du chat? ....   1 point

4. Il a disparu quand? ....   2 points

5. Vous avez vu ce chat. Que devez-vous faire?   1 point
   ☐ Ecrire un e-mail.   ☐ Aller chez la personne.   ☐ Téléphoner.

Exercice 2: Petites annonces   6 points

Vous êtes en France. Vous voyez ces petites annonces.

Etudiant au conservatoire donne des cours de piano pour enfants et adultes.

Marco:
06 85 49 34 75
(après 19 h)

Vous partez en week-end?
Je peux garder votre chat ou votre chien.

5 € par jour

Théo (10 ans)
07 62 49 75 28

---

*Vous aimez le théâtre?
Alors venez en faire avec moi.
Cours le mardi soir: 21 h – 23 h*

Sophie:
07 89 26 45 02

Je suis sérieuse et j'adore les enfants. Alors contactez-moi si vous avez besoin de moi pour vos enfants le soir.

Laura, 16 ans:
06 34 85 19 75

Répondez aux questions.

1. Quels sont les horaires des cours de théâtre? ....   1 point

2. Quel âge a la baby-sitter? ....   1 point

3. Quel est le téléphone du prof de musique? ....   1 point

4. Quel est le prix pour faire garder son chat? ....   1 point

5. Qui est un enfant?   2 points
   ☐ Marco   ☐ Laura   ☐ Théo

*Schaue dir vor der Bearbeitung von Aufgabe 3 die Mindmap zum Thema **L'école** auf S. 68 noch einmal an. Nach der Bearbeitung der Aufgabe könntest du unbekannte Vokabeln im Wörterbuch nachschlagen und die Mindmap ergänzen.*

Exercice 3: Emploi du temps   6 points

Vous êtes dans un collège en France. Vous voyez ce document.

Emploi du temps de la semaine – 4ᵉ B – Professeure principale – Mme Daudet					
	Lundi	Mardi	Mercredi	Jeudi	Vendredi
8 h – 9 h		Arts plastiques	Maths	Education physique et sportive	Anglais
9 h – 10 h	Anglais	Education physique et sportive			Français
10 h – 11 h	Français	Histoire-Géographie	Français	Allemand	Musique
11 h – 12 h	Histoire-Géographie	Allemand		Histoire-Géographie	Maths
14 h – 15 h	Physique – Chimie	Maths		SVT	Physique – Chimie
15 h – 16 h	Allemand	Français		Anglais	Technologie
16 h – 17 h		SVT		Maths	

Répondez aux questions.

1. Quelles sont les deux langues étrangères de la classe?   1 point

....

2. Il n'y a pas de cours de français quel jour? ....   2 points

3. Le jeudi, de 8 h à 10 h, les élèves ont quel cours?   1 point

☐    ☐    ☐

4. La pause déjeuner dure combien de temps? ....   2 points

Exercice 4: Affiche   **7 points**

Vous êtes en France et vous voyez ce document à l'office de tourisme.

Aquarium de Biarritz

Esplanade du Rocher de la Vierge
64200 Biarritz

Découvrez le monde fascinant des poissons
Visitez le cœur des océans et rencontrez les animaux marins.
Faites un voyage unique pour comprendre la vie sous-marine.

Au programme
Atelier «A table avec les poissons»
Que mangent les animaux de la mer?
Vous pouvez assister à leur repas.
Les mercredis 20, 27 février et 6 mars 2019 de 10h30 à 12h

Tarifs et horaires	*Individuels*		*Groupes*	
Ouvert tous les jours	Adulte	15 €	Adulte	13 €
septembre – juin: 9h30 – 19h	Enfant	11 €	Enfant	7 €
juillet – août: 9h30 – 22h	Etudiant	13 €	Etudiant	10 €

>>>>>>   Achetez vos billets en ligne

Répondez aux questions.

1. Qu'est-ce que vous pouvez visiter à Biarritz?   **1 point**

☐    ☐    ☐

2. En été, l'Aquarium est ouvert à quelle heure?   **2 points**

....

3. Avec vos parents, vous visitez l'Aquarium. Vous payez …   **2 points**
   ☐ 33 €.   ☐ 41 €.   ☐ 43 €.

4. Pendant un atelier, vous pouvez …   **1 point**
   ☐ voir comment mangent les poissons.
   ☐ dormir dans l'Aquarium.
   ☐ préparer un repas pour les poissons.

5. Vous pouvez acheter les tickets où?   **1 point**
   ☐ A l'office de tourisme.
   ☐ Sur Internet.
   ☐ Au supermarché.

*Denke daran, dir die Hinweise zur **Production écrite** auf S. 6 – 7 durchzulesen, bevor du mit der Aufgabe beginnst.*

*Der Tandembogen auf S. 65 / 66 liefert dir zahlreiche Ausdrücke für die Bearbeitung dieser Aufgabe. Lies dir auch die Mindmap zum Thema **Parler de moi** auf S. 67 durch, bevor du diese Aufgaben machst.*

3 Production écrite   **25 points**

Exercice 1: Formulaire   **10 points**
1 point par bonne réponse

Vous participez à un jeu. Complétez le formulaire.

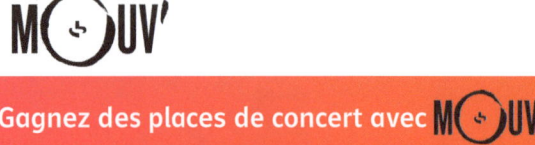

Gagnez des places de concert avec MOUV'

Chaque jour, votre radio vous offre des places pour voir vos artistes préférés.

Pour participer, rendez-vous sur notre site Internet.

http://www.

NOM	....
PRÉNOM	....
DATE DE NAISSANCE	....
ÂGE	....
ADRESSE	....
VILLE	....
PAYS	....
TÉLÉPHONE	....
E-MAIL	....
ARTISTE PRÉFÉRÉ(E)	....

Exercice 2: Carte postale   **15 points**

Vous êtes en vacances. Vous écrivez une carte postale à votre corres français.
– Vous dites bonjour.
– Vous dites où vous êtes.
– Vous parlez de la météo.
– Vous parlez de ce que vous faites et de ce que vous voulez faire.
– Vous dites au revoir.

| 40 mots minimum |

4 Production orale 25 points

CD 25

Exercice 1: Entretien dirigé (1 à 2 minutes)

Zu Beginn der Prüfung sollst du zeigen, dass du Fragen über dich und dein Umfeld beantworten kannst. Hier stehen mögliche Prüferfragen.

Vous répondez aux questions de l'examinateur sur vous, votre famille, vos goûts ou vos activités.

Exemples:
– Vous vous appelez comment? / Votre nom, comment ça s'écrit?
– Vous avez quel âge?
– Quelle est votre nationalité?
– Vous habitez où?
– Vous êtes en quelle classe? Comment s'appelle votre école?
– Quelles matières est-ce que vous aimez? / Quelles matières est-ce que vous n'aimez pas?
– Parlez-moi de votre famille, de vos parents, de vos frères et sœurs.
  Ils s'appellent comment? Qu'est-ce qu'ils font? Ils ont quel âge?
– Parlez-moi de votre maison. / Parlez-moi de votre appartement.
– Racontez-moi une journée habituelle. / Et le week-end, vous faites quoi?
– Qu'est-ce que vous prenez au petit-déjeuner?
– Qu'est-ce que vous faites après l'école? Vous rentrez à quelle heure, le soir?
– Vous aimez le sport? / Vous faites du sport?
– Quelle musique est-ce que vous aimez?

Exercice 2: Echange d'informations (2 minutes environ)

In diesem Prüfungsteil ziehst du 6 Karten. Deine Aufgabe ist es, deinem Prüfer zu den Themen auf den Karten **Fragen zu stellen.**

Vous tirez au sort 6 cartes. Vous voulez connaître l'examinateur. Vous lui posez des questions à l'aide des mots écrits sur les cartes.
Vous ne devez pas obligatoirement utiliser le mot, vous pouvez poser une question sur le thème.

Exemple: **Date de naissance** Vous avez quel âge?

Cinéma?   **Vacances?**   **Enfants?**

Dîner?   **Sport?**   **Nationalité?**

*Vergiss nicht, dir die Hinweise zur **Production orale** auf S. 7–9 durchzulesen.*

*Mit dem Tandembogen auf S. 65/66 und den Fragen auf der CD (Track 25) kannst du dich optimal auf diesen Prüfungsteil vorbereiten. Lies dir auch die Mindmap **Parler de moi** auf S. 67 durch, bevor du diese Aufgabe machst.*

Die möglichen Fragestellungen und der Musterdialog im Lösungsteil geben dir Hilfestellung bei der Bearbeitung der folgenden Aufgaben.

Für die Prüfungsteile 2 und 3 hast du insgesamt 10 Minuten Vorbereitungszeit.

Exercice 3: Dialogue simulé (ou jeu de rôle) (2 minutes environ)

In diesem Prüfungsteil ziehst du zwei Situationen und kannst dir eine davon aussuchen. Es wird von dir erwartet, dass du eine Alltagssituation nachspielen und dich auf Französisch angemessen ausdrücken kannst.

Vous tirez au sort 2 sujets. Vous en choisissez un. Vous jouez la situation proposée.

Sujet 1: Au marché
Vous êtes en France avec vos parents. Vous allez au marché. Vous achetez 3 ou 4 produits. Vous demandez le prix et vous payez.
L'examinateur joue le rôle du vendeur.

Sujet 2: A midi
Vous êtes en France. Il est midi. Vous allez dans un snack. Vous commandez un repas: entrée, plat, dessert et boisson. Vous demandez le prix et vous payez.
L'examinateur joue le rôle du vendeur.

Denke an die Begrü-ßung und Höflichkeits-formen!

Lies dir die Mindmap zum Thema **L'alimentation** *auf S. 71 durch, bevor du diese Aufgabe machst.*

Auf den S. 20 und 21 findest du Münzen und Geldscheine. Kopiere sie für die Aufgabe.

1 Compréhension de l'oral 25 points

Exercice 1: Annonce 4 points

Voie 1. Le TGV numéro 36/35 à destination de STRASBOURG va partir.
Prenez garde à la fermeture automatique des portes. Attention au départ.

Lösungen:
1. Le message annonce ☒ le départ d'un train. 1
2. Quel est le numéro du train? **36/35** 2
3. Le train va où? ☒ A Strasbourg. 1

Exercice 2: Message 5 points

Salut, c'est Hugo. Samedi, on organise un pique-nique avec Léa, Charlotte, Simon et Farid. On veut aller au parc. On va apporter des pizzas, des jus de fruits et des gâteaux. Et pour passer le temps, on va apporter des jeux et de la musique.
Tu veux venir avec nous? Pour aller au parc, c'est facile: il y a un bus toutes les 15 minutes. Rappelle-moi vite! À bientôt

Lösungen:
1. Hugo a téléphoné pour ☒ vous proposer une sortie. 1
2. Qu'est-ce qu'il organise? ☒ 1

3. C'est quel jour? C'est **samedi**. 2
4. Dans le message, Hugo vous demande de ☒ téléphoner. 1

Exercice 3: Dialogue de la vie courante 6 points

La vendeuse: Bonjour monsieur. Qu'est-ce qu'il vous faut?
Le client: Bonjour. Je voudrais un croissant, s'il vous plaît.
La vendeuse: Voilà. Et avec ça?
Le client: Un sandwich jambon-beurre, s'il vous plaît.
La vendeuse: Il vous faut autre chose?
Le client: Oui. Je voudrais aussi une bouteille de coca. C'est tout. Merci.
La vendeuse: Et voilà. 7,50 euros, s'il vous plaît.
Le client: Voilà. Merci. Au revoir.
La vendeuse: Au revoir monsieur.

Lösungen:
1. C'est où? ☒ Dans une boulangerie. 1
2. Qu'est-ce que le client achète? **un croissant, un sandwich, un coca** 3
3. Quel est le prix à payer? **7,50 €** 2

Exercice 4: Dialogues et situations 10 points

Dialogue 1 (cinéma)
Voix de jeune homme: Bonjour. Je voudrais un ticket pour le film «Star Wars», s'il vous plaît.
Femme (à la caisse): Voilà: 8 euros, s'il vous plaît.
Voix de jeune homme: C'est quelle salle?
Femme (à la caisse): Salle 1.

Dialogue 2 (dans un train)
Contrôleur de train: Bonjour. Votre billet, s'il vous plaît.
Voix de femme: Voilà.
Contrôleur de train: Vous allez à Lyon?
Voix de femme: Oui. On arrive bien à la gare Lyon Perrache?
Contrôleur de train: Oui, oui. Bon voyage.
Voix de femme: Merci.

Dialogue 3 (librairie)
Fille: Bonjour. Je cherche un livre pour mon cours d'allemand.
Voix d'homme: Les livres d'école, c'est au premier étage.
Fille: Ah merci beaucoup.

Dialogue 4 (dans la rue)
Jeune homme: Excusez-moi. Pour aller au musée des Beaux-Arts, s'il vous plaît.
Femme: C'est très facile. Vous continuez tout droit. Vous arrivez sur une place. Vous traversez la place et le musée est à gauche.
Jeune homme: Super! Merci.

Dialogue 5 (au café)
Voix d'homme: Madame?
Voix de femme: Je voudrais un café et un verre d'eau, s'il vous plaît.
Voix d'homme: D'accord.
Voix de femme: Vous avez des croissants?
Voix d'homme: Ah non, désolé. Nous n'en avons plus.

Lösung:

Image A

Dialogue n° 3

Image B

Dialogue n° 5

Image C

Dialogue n° 4

Image E

Dialogue n° 2

Image F

Dialogue n° 1

2 Compréhension des écrits   25 points

Exercice 1: Avis de recherche   6 points

1. Comment s'appelle le chat? **Ramsès**   1
2. Il a quel âge? **8 ans**   1
3. Comment s'appelle la propriétaire du chat? **Françoise**   1
4. Il a disparu quand? **le 2 mai**   2
5. Vous avez vu ce chat. Que devez-vous faire? ☒ Téléphoner.   1

Exercice 2: Petites annonces   6 points

1. Quels sont les horaires des cours de théâtre? **le mardi, de 21 h à 23 h**   1
2. Quel âge a la baby-sitter? **16 ans**   1
3. Quel est le téléphone du prof de musique? **06 85 49 34 75**   1
4. Quel est le prix pour faire garder son chat? **5 € / jour**   1
5. Qui est un enfant? ☒ Théo   2

Exercice 3: Emploi du temps   6 points

1. Quelles sont les deux langues étrangères de la classe? **anglais et allemand**   1
2. Il n'y a pas de cours de français quel jour? **le jeudi**   2
3. Le jeudi, de 8 h à 10 h, les élèves ont quel cours? ☒   1

4. La pause déjeuner dure combien de temps? **2 heures**   2

Exercice 4: Affiche   7 points

1. Qu'est-ce que vous pouvez visiter à Biarritz? ☒   1

2. En été, l'Aquarium est ouvert à quelle heure? **de 9h30 à 22 h**   2
3. Avec vos parents, vous visitez l'Aquarium. Vous payez ☒ 41 €.   2
4. Pendant un atelier, vous pouvez ☒ voir comment mangent les poissons.   1
5. Vous pouvez acheter les tickets où? ☒ Sur Internet.   1

3 Production écrite   25 points

Exercice 1: Formulaire   10 points

http://www.

NOM	Marie
PRÉNOM	Muster
DATE DE NAISSANCE	23/01/2007
ÂGE	12
ADRESSE	Sonnenstr. 10
VILLE	82380 Peissenberg
PAYS	Allemagne
TÉLÉPHONE	08803/1234
E-MAIL	marie.muster@online.de
ARTISTE PRÉFÉRÉ(E)	Louane

Exercice 2: Carte postale   15 points

Salut,

Je suis en vacances en France. Il fait très beau.

Nous allons souvent à la plage. J'aime nager dans la mer.

On va visiter le mont Saint-Michel avec mes parents.

Avec mon frère, je veux faire du bateau.

Je mange des crêpes. C'est bon.

A bientôt,

Johannes

In der Tabelle *(grille d'évaluation)* kannst du lesen, worauf bei der Bewertung geachtet wird und welche Punkte dabei vergeben werden.

Grille d'évaluation (15 points)	Hinweise
Respect de la consigne *(2 points)*	☐ Die Arbeitsanweisung wurde beachtet. ☐ Die **Länge** des Textes ist angemessen: .... Wörter.
Correction sociolinguistique *(2 points)*	☐ Anfangs- und Schlussformeln werden richtig verwendet. ☐ Die Anrede *(tu)* wurde richtig verwendet.
Capacité à informer et / où à décrire Fähigkeit, über sich und seine Aktivitäten zu berichten *(4 points)*	Der Schüler beschreibt ☐ den Ort, ☐ das Wetter, ☐ und die Aktivitäten. ☐ Die Erlebnisse werden angemessen beschrieben.
Capacités linguistiques	
Lexique / orthographe lexicale Wortschatz / Rechtschreibung *(3 points)*	☐ Der Schüler beherrscht genügend Grundwortschatz, um das Thema gut bearbeiten zu können. ☐ Der Schüler macht keine schwerwiegenden Rechtschreibfehler.
Morphosyntaxe / orthographe grammaticale Grammatik *(3 points)*	Der Schüler ist ☐ sehr sicher ☐ sicher ☐ weitgehend sicher bei der Verwendung grammatischer Strukturen (Verbendungen, Adjektive). Der Schüler macht noch Fehler bei ....
Cohérence et cohésion Textaufbau / logische Verbindung der Inhalte *(1 point)*	☐ Der Text ergibt eine sinnvolle Einheit.

4 Production orale   25 points

CD 25

Exercice 1: Entretien dirigé (1 à 2 minutes)

Folgende Prüferfragen sind möglich:
- Vous vous appelez comment? / Votre nom, comment ça s'écrit?
- Vous avez quel âge?
- Quelle est votre nationalité?
- Vous habitez où?
- Vous êtes en quelle classe? Comment s'appelle votre école?
- Quelles matières est-ce que vous aimez? / Quelles matières est-ce que vous n'aimez pas?
- Parlez-moi de votre famille, de vos parents, de vos frères et sœurs. Ils s'appellent comment? Qu'est-ce qu'ils font? Ils ont quel âge?
- Parlez-moi de votre maison. / Parlez-moi de votre appartement.
- Racontez-moi une journée habituelle. / Et le week-end, vous faites quoi?
- Qu'est-ce que vous prenez au petit-déjeuner?
- Qu'est-ce que vous faites après l'école? Vous rentrez à quelle heure, le soir?
- Vous aimez le sport? / Vous faites du sport?
- Quelle musique est-ce que vous aimez?

Mit dem Tandembogen auf S. 65 / 66 und den Fragen auf der CD (Track 25) kannst du dich optimal auf diesen Prüfungsteil vorbereiten. Lies dir auch die Mindmap **Parler de moi** auf S. 67 durch, bevor du diese Aufgabe machst.

Exercice 2: Echange d'informations (2 minutes environ)

Folgende Fragen könntest du zu den vorgegebenen Themen stellen:

In Klammern stehen einige mögliche Antworten des Prüfers.

Cinéma?
Vous allez au cinéma?
(Oui, je vais au cinéma le week-end.)
Quels films est-ce que vous aimez?
(J'aime les films de science-fiction.)
Il y a un cinéma dans votre ville?
(Oui, il y a même deux cinéma.)

Vacances?
Où est-ce que vous allez en vacances?
(J'aime bien aller à la montagne.)
Pourquoi est-ce que vous allez en vacances à la montagne? *(C'est plus calme.)*
Vous allez en vacances avec vos amis?
(Non, je vais en vacances avec ma famille.)

Enfants?
Vous avez des enfants? *(Oui, j'ai des enfants./ Non, je n'ai pas d'enfant.)*
Vous avez combien d'enfants?
(J'ai deux enfants.)
Vos enfants s'appellent comment? / Ils ont quel âge? *(Ils s'appellent … / Ils ont … âge.)*

Dîner?
Qu'est-ce que vous mangez au dîner?
(Je mange des légumes ou des pâtes. Et un peu de fromage.)
Quand / A quelle heure est-ce que vous préparez le dîner? *(Je prépare le dîner vers 19 heures et je mange vers 20 heures.)*
Qu'est-ce que vous faites après le dîner? *(Je lis un livre.)*

Sport?
Vous faites du sport?
(Oui, je joue au tennis et je fais du vélo.)
Vous aimez quels sports?
(J'aime jouer au tennis.)
Où et avec qui est-ce que vous faites du sport? *(Je joue au tennis avec des amis, au club …)*

Nationalité?
Quelle est votre nationalité?
(Je suis français/e.)
Vous venez d'où? *(Je viens de Nantes.)*
Quelle est la nationalité de vos parents? *(Mon père est espagnol et ma mère est française.)*

Exercice 3: Dialogue simulé (ou jeu de rôle) (2 minutes environ)

In der folgenden Übung ist es wichtig, dass ein möglichst natürliches Gespräch zustande kommt. Das könnt ihr am besten zusammen mit einem Partner / einer Partnerin üben. Die folgenden Tandembögen helfen dabei und geben euch Anregungen.

*Die folgenden Tandembögen enthalten **Beispiele** für mögliche Fragen und Antworten von dir und dem Prüfer.*

So arbeitet ihr mit den folgenden Tandembögen:
a) Legt zunächst fest, wer welche Rolle übernimmt.
b) Faltet den Tandembogen an der Trennlinie.
c) Schüler/in A beginnt das Gespräch. Schüler/in B übernimmt die Prüferrolle.
d) Sollte Schüler/in A Hilfe benötigen, kann ihm / ihr Schüler/in B Anregungen aus den gelben Kästen geben.
e) Nach einem Durchgang werden die Rollen getauscht.

Sujet 1: Au marché

Schüler/in A	Schüler/in B (Prüferrolle)
Bonjour …	
	Bonjour Monsieur / Madame.
Vous désirez?	Vous désirez?
	Je voudrais des fraises, s'il vous plaît.
Voilà. Et avec ceci?	Voilà. Et avec ceci?
	Deux bananes, s'il vous plaît.
Il vous faut autre chose?	Il vous faut autre chose?
	Oui. Je voudrais aussi des pommes.
Quelles pommes?	Quelles pommes?
	Des pommes rouges / vertes, s'il vous plaît.

Voilà. Vous désirez encore autre chose?	Voilà. Vous désirez encore autre chose?
	Oui. Je voudrais aussi des tomates.
Combien de tomates?	Combien de tomates?
	Un kilo, s'il vous plaît.
Très bien. Ce sera tout?	Très bien. Ce sera tout?
	Oui. Merci. Ça fait combien?
8 euros 50, s'il vous plaît.	8 euros 50, s'il vous plaît.
	Voilà.
Merci. Au revoir.	Merci. Au revoir.
	Au revoir et bonne journée.

Sujet 2: A midi

Schüler/in A	Schüler/in B (Prüferrolle)
Bonjour …	
	Bonjour Monsieur / Madame.
Vous désirez?	*Vous désirez?*
	Je voudrais une salade, s'il vous plaît.
Voilà. Et avec ceci?	Voilà. Et avec ceci?
	Un sandwich / une pizza, s'il vous plaît.
Un sandwich / Une pizza au fromage ou au jambon?	Un sandwich / Une pizza au fromage ou au jambon?
	Au fromage, s'il vous plaît.
D'accord. Il vous faut autre chose?	D'accord. Il vous faut autre chose?
	Oui. Je voudrais aussi des frites.
Vous voulez du ketchup ou de la mayonnaise avec les frites?	Vous voulez du ketchup ou de la mayonnaise avec les frites?
	Du ketchup, s'il vous plaît.
Très bien. Et comme boisson?	Très bien. Et comme boisson?
	Un jus de fruit / Une bouteille d'eau, s'il vous plaît.
Très bien. Ce sera tout?	Très bien. Ce sera tout?
	Oui. Merci. Ça fait combien?
12 euros, s'il vous plaît.	12 euros, s'il vous plaît.
	Voilà.
Vous mangez ici ou c'est pour emporter?	Vous mangez ici ou c'est pour emporter?
	Pour emporter.
Vous voulez un sac?	Vous voulez un sac?
	Oh oui, merci beaucoup.
Voilà. Au revoir.	Voilà. Au revoir.
	Au revoir et bonne journée.

⊕ **1 Compréhension de l'oral** · 9–16 · 25 points

Pour répondre aux questions, cochez (✗) la bonne réponse ou écrivez l'information demandée.

Exercice 1: Annonce · 4 points

> Vous allez entendre deux fois un document. Il y a 30 secondes de pause entre les deux écoutes puis vous avez 30 secondes pour vérifier vos réponses. Lisez les questions.

Vous êtes dans un centre commercial en France. Vous entendez cette annonce. Répondez aux questions.

1. Le message annonce … · 1 point
   - ☐ les heures d'ouverture des magasins.
   - ☐ une promotion dans un restaurant.
   - ☐ un problème dans le centre commercial.

2. Quelle est la date? .... · 2 points

3. On parle de quel produit? · 1 point

☐  ☐  ☐

Exercice 2: Message · 5 points

> Vous allez entendre deux fois un document. Il y a 30 secondes de pause entre les deux écoutes puis vous avez 30 secondes pour vérifier vos réponses. Lisez les questions.

Sophie, votre amie française vous laisse un message. Répondez aux questions.

1. Sophie va venir chez vous en … · 1 point

☐  ☐  ☐

2. Elle arrive quel jour et à quelle heure? .... à .... heures. · 2 points

3. Quel est le problème de Sophie? · 1 point
   - ☐ Elle ne parle pas allemand.
   - ☐ Elle a beaucoup de sacs.
   - ☐ Elle veut un taxi.

4. Sophie vous demande … · 1 point
   - ☐ votre adresse.
   - ☐ de lui téléphoner.
   - ☐ de venir à la gare.

*Bevor du mit den Aufgaben zum Hörverstehen beginnst, lies dir bitte die Hinweise zur **Compréhension de l'oral** auf S. 5 genau durch.*

Exercice 3: Dialogue de la vie courante 6 points

> Vous allez entendre deux fois un document. Il y a 30 secondes de pause entre les deux écoutes puis vous avez 30 secondes pour vérifier vos réponses. Lisez les questions.

Vous êtes dans une école en France. Vous entendez ce dialogue entre deux personnes. Répondez aux questions.

1. Qui parle? 1 point
   - ☐ Deux femmes.
   - ☐ Deux jeunes.
   - ☐ Un jeune et sa mère.

2. Qu'est-ce qu'Elsa fait pendant le week-end? 1 point

☐  ☐  ☐

3. Elle est avec qui? .... 2 points

4. Qu'est-ce qu'Elsa pense de son week-end? 2 points
   - ☐ Elle est très contente.
   - ☐ Elle n'est pas contente.
   - ☐ Elle est triste.

Exercice 4: Dialogues et situations 10 points
2 points par bonne réponse

> Vous allez entendre 5 petits dialogues correspondant à 5 situations différentes. Il y a 15 secondes de pause après chaque dialogue. Notez sous chaque image le numéro du dialogue qui correspond. Puis vous allez entendre à nouveau les dialogues. Vous pouvez alors compléter vos réponses. Regardez les images. Attention, il y a 6 images (A, B, C, D, E et F) mais seulement 5 dialogues.

Image A

Dialogue n° ....

Image B

Dialogue n° ....

Image C

Dialogue n° ....

Image D

Dialogue n° ....

Image E

Dialogue n° ....

Image F

Dialogue n° ....

2 Compréhension des écrits   **25 points**

*Vergiss bitte nicht, dir die Hinweise zur **Compréhension des écrits** auf S. 5 durchzulesen.*

Pour répondre aux questions, cochez (✗) la bonne réponse ou écrivez l'information demandée.

Exercice 1: Note personnelle   **6 points**

Vous êtes en France. Vous voyez ce document dans un collège.

> Jeudi, pendant le repas, j'ai oublié mon téléphone portable à
>
> la cantine.
>
> C'est un téléphone noir avec un petit sticker de chat.
>
> Si quelqu'un l'a trouvé, merci de le donner à l'accueil du collège.
>
> Mélanie - 3ème C

Répondez aux questions.

1. Mélanie cherche quel objet?   1 point

  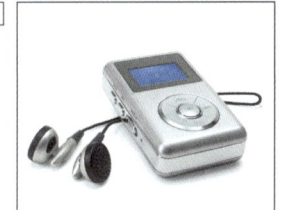

2. Elle a perdu cet objet quel jour? .... 1 point

3. Elle a perdu cet objet où?   1 point
   ☐ En salle de classe.
   ☐ A la cantine.
   ☐ A la piscine.

4. Cet objet est de quelle couleur? .... 2 points

5. Vous avez cet objet. Que devez-vous faire?   1 point
   ☐ Ecrire un e-mail à Mélanie.
   ☐ Aller dans la classe de Mélanie.
   ☐ Aller à l'accueil du collège.

Exercice 2: Programme　　　　　　　　　　　　　　　　　　**6 points**

Vous êtes dans un camping en France. Vous voyez ce document.

☀	Lundi 20 juillet	Mardi 21 juillet	Mercredi 22 juillet	Jeudi 23 juillet	Vendredi 24 juillet
CAMPING DE LA PLAGE – Programme des activités pour les 10 – 14 ans					
9 h – 12 h	Stage de voile ==20 €==	Cours de tennis ==gratuit==	Concours de châteaux de sable ==gratuit==	Ski nautique ==30 €==	Cours de natation ==gratuit==
12 h – 14 h	Pause repas	Pause repas	Pause repas	Pause repas	Pause repas
14 h – 17 h	Tournoi de beach volley ==gratuit==	Atelier peinture ==10 €==	Sortie au zoo ==5 €==	Concours de boules ==gratuit==	Équitation ==15 €==
21 h – 22 h	Soirée ciné sous les étoiles	Soirée disco	Soirée costumée	Soirée plage	Pizza party

Pour toutes les activités en journée, merci de vous inscrire à l'accueil du camping.

Répondez aux questions.

1. Pour qui est ce programme? .... 　1 point

2. Quel sport pouvez-vous faire le mardi?　　　　　　　　　　　　　　　1 point
   ☐ Du tennis.
   ☐ De la voile.
   ☐ De l'équitation.

3. Vous voulez faire 2 activités, mais vous ne voulez pas payer.　　　　2 points
   Qu'est-ce que vous pouvez faire?

☐ 　☐ 　☐

☐ 　☐ 　☐

4. Où est-ce qu'il faut aller pour s'inscrire? .... 　2 points

Exercice 3: Message   **6 points**

Vous recevez cet e-mail de Lucille.

DE:	Lucille
A:	mes amis
Sujet:	samedi soir

Salut,
Samedi soir, je fête mon anniversaire et je voudrais t'inviter.
On va manger, danser, écouter de la musique …
Mes parents vont préparer des pizzas. Est-ce que tu peux apporter une boisson?
Tu peux venir à partir de 19 h 30.
Voici mon adresse: 15 rue des Mimosas.
Pour venir, c'est très facile. Quand tu es devant la gare, tu vas à gauche. Tu prends la première rue à droite. Ma maison est en face de la poste.

A samedi!
Lucille

Répondez aux questions.

1. Lucille vous invite à quelle fête? .... 1 point

2. Qu'est-ce que vous devez apporter?   1 point
   ☐ Une pizza.
   ☐ Un dessert.
   ☐ Une boisson.

3. Vous pouvez arriver chez Lucille à quelle heure? .... 1 point

4. Quelle est l'adresse exacte de Lucille? .... 1 point

5. Sur le plan, tracez l'itinéraire pour aller chez Lucille.   2 points

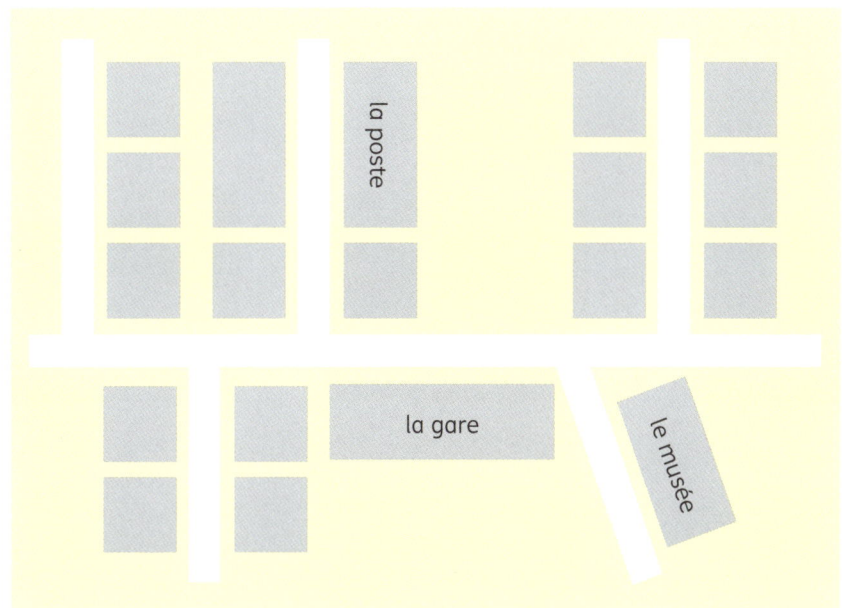

Exercice 4: Publicité

7 points

Vous êtes en France et vous voyez ce document à l'office de tourisme.

La Science en s'amusant !

Plus qu'une simple visite…une expérience ! Prenez place dans le Vaisseau pour un voyage en famille dans les sciences et les techniques. Le Vaisseau invite petits et grands à explorer le monde qui les entoure, à travers différents univers thématiques interactifs. Les enfants (de 3 à 12 ans) jouent, manipulent, expérimentent, collaborent, font des découvertes, s'émerveillent…
La promesse du Vaisseau ?
Passer un moment mémorable en famille !

→ **Ouvert**
Du mardi au dimanche
(y compris jours fériés) **de 10h à 18h.**

Fermé : les lundis, 1er janvier, 1er mai, 15 et 25 décembre et les trois premières semaines de septembre.

→ **Tarifs**
Adultes : 8 €
Enfants 3-18 ans : 7 €
Moins de 3 ans : Gratuit
Pass journée 4 personnes : 25 €
Tarifs réduits
Titulaires du **Strasbourg pass** et du **Pass Alsace**

→ **Services**
Billetterie en ligne / Boutique / Cafétéria

→ **1 bis rue Philippe Dollinger à Strasbourg**
Parking gratuit
→ **Renseignements du lundi au vendredi**
+33(0)3 69 33 26 69 / info@levaisseau.com

NE PAS JETER SUR LA VOIE PUBLIQUE - © www.madeinalsace.com

ALSACE | **BAS-RHIN** CONSEIL DÉPARTEMENTAL

Répondez aux questions.

1. Le Vaisseau est dans quelle ville? .... 1 point

2. Le Vaisseau propose des activités … 1 point

3. Le Vaisseau est ouvert de quelle heure à quelle heure? .... 2 points

4. Quel mois Le Vaisseau ferme 3 semaines? 1 point
   ☐ septembre
   ☐ octobre
   ☐ novembre

5. On peut demander des informations à quelle adresse e-mail? 2 points

....

3 Production écrite

25 points

Exercice 1: Fiche à compléter

10 points
1 point par bonne réponse

Vous êtes en France. Votre corres vous montre ce document. Vous décidez de le compléter.

*Denke daran, dir die Hinweise zur **Production écrite** auf S. 6 – 7 durchzulesen, bevor du mit der Aufgabe beginnst.*

NON AU PLASTIQUE A LA CANTINE!

Les assiettes, les verres, les bouteilles utilisés tous les jours dans notre école finissent sur les plages et dans la mer.

Aide-nous à protéger la planète.
Signe la pétition!

Je ne veux plus de plastique dans ma cantine!

NOM: ....

Prénom: ....

Date de naissance: ....

Age: ....

Adresse: ....

Ville: ....

Pays: ....

Téléphone: ....

E-mail: ....

Classe: ....

*Der Tandembogen auf S. 65/66 liefert dir nützliche Ausdrücke für die Bearbeitung dieser Aufgabe. Lies dir auch die Mindmap zum Thema **Parler de moi** auf S. 67 durch, bevor du diese Aufgaben machst.*

Exercice 2: Message   15 points

Votre école participe à un échange avec une école française. Vous écrivez un e-mail à un/e jeune Français/e pour vous présenter.
– Vous donnez votre nom, votre âge.
– Vous expliquez où vous habitez (ville, pays).
– Vous parlez de votre famille et de vos loisirs.
– Vous posez des questions à votre corres pour avoir les mêmes informations.
– Vous saluez.

> 40 mots minimum

4 Production orale

Exercice 1: Entretien dirigé (1 à 2 minutes)

Zu Beginn der Prüfung sollst du zeigen, dass du Fragen über dich und dein Umfeld beantworten kannst. Hier stehen mögliche Prüferfragen.

Vous répondez aux questions de l'examinateur sur vous, votre famille, vos goûts ou vos activités.

Exemples:
– Vous vous appelez comment? / Votre nom, comment ça s'écrit?
– Vous avez quel âge?
– Quelle est votre nationalité?
– Vous habitez où?
– Vous êtes en quelle classe? Comment s'appelle votre école?
– Quelles matières est-ce que vous aimez? / Quelles matières est-ce que vous n'aimez pas?
– Parlez-moi de votre famille, de vos parents, de vos frères et sœurs.
  Ils s'appellent comment? Qu'est-ce qu'ils font? Ils ont quel âge?
– Parlez-moi de votre maison. / Parlez-moi de votre appartement.
– Racontez-moi une journée habituelle. / Et le week-end, vous faites quoi?
– Qu'est-ce que vous prenez au petit-déjeuner?
– Qu'est-ce que vous faites après l'école? Vous rentrez à quelle heure, le soir?
– Vous aimez le sport? / Vous faites du sport?
– Quelle musique est-ce que vous aimez?

Exercice 2: Echange d'informations (2 minutes environ)

In diesem Prüfungsteil ziehst du 6 Karten. Deine Aufgabe ist es, deinem Prüfer zu den Themen auf den Karten **Fragen zu stellen.**

Vous tirez au sort 6 cartes. Vous voulez connaître l'examinateur. Vous lui posez des questions à l'aide des mots écrits sur les cartes.
Vous ne devez pas obligatoirement utiliser le mot, vous pouvez poser une question sur le thème.

Exemple: **Date de naissance** Vous avez quel âge?

Amis?   **Animaux?**   **Week-end?**

Nom?   **Petit-déjeuner?**   **Télévision?**

*Vergiss nicht, dir die Hinweise zur **Production orale** auf S. 7–9 durchzulesen.*

*Mit dem Tandembogen auf S. 65/66 und den Fragen auf der CD (Track 25) kannst du dich optimal auf diesen Prüfungsteil vorbereiten. Lies dir auch die Mindmap **Parler de moi** auf S. 67 durch, bevor du diese Aufgabe machst.*

Die möglichen Fragestellungen und der Musterdialog im Lösungsteil geben dir Hilfestellung bei der Bearbeitung der folgenden Aufgaben.

Für die Prüfungsteile 2 und 3 hast du insgesamt 10 Minuten Vorbereitungszeit.

*Denke an die Begrü-
ßung und Höflichkeits-
formen!*

*Lies dir die Mindmap
zum Thema
L'alimentation auf
S. 71 durch, bevor du
diese Aufgabe machst.*

*Auf den S. 20 und 21
findest du Münzen
und Geldscheine.
Kopiere sie für die
Aufgabe.*

Exercice 3: Dialogue simulé (ou jeu de rôle) (2 minutes environ)

In diesem Prüfungsteil ziehst du zwei Situationen und kannst dir eine davon aussuchen.
Es wird von dir erwartet, dass du eine Alltagssituation nachspielen und dich auf Französisch
angemessen ausdrücken kannst.

Vous tirez au sort 2 sujets. Vous en choisissez un. Vous jouez la situation proposée.

Sujet 1: A la boulangerie
Vous êtes en France avec vos parents. Vous allez dans une boulangerie.
Vous achetez 2 ou 3 produits. Vous demandez le prix et vous payez.
L'examinateur joue le rôle du vendeur.

Sujet 2: Au petit-déjeuner
Vous êtes dans une famille française. C'est le matin. Vous arrivez dans la cuisine pour le
petit-déjeuner. Expliquez ce que vous voulez manger et boire.
L'examinateur joue le rôle de votre corres.

1 Compréhension de l'oral   25 points

Exercice 1: Annonce   4 points

Aujourd'hui 2 février, c'est la fête des crêpes.
Profitez de promotions au restaurant crêpes à gogo: moins 15 % sur toutes les crêpes sucrées jusqu'à 16 heures.

1. Le message annonce ☒ une promotion dans un restaurant.   1
2. Quelle est la date? **2 février**   2
3. On parle de quel produit? ☒   1

Exercice 2: Message   5 points

Salut!
C'est Sophie. Je t'appelle pour te dire que mon train arrive dimanche matin à 11 heures.
Je ne sais pas comment venir chez toi et je ne parle pas allemand. Alors, est-ce que tu peux venir à la gare?
A bientôt

1. Sophie va venir chez vous en ☒   1

2. Elle arrive quel jour et à quelle heure? **Dimanche** à **11** heures. 2
3. Quel est le problème de Sophie? ☒ Elle ne parle pas allemand.   1
4. Sophie vous demande ☒ de venir à la gare.   1

Exercice 3: Dialogue de la vie courante   6 points

Elsa: Salut Théo!
Théo: Salut Elsa! Ça va?
Elsa: Oui, je passe un super week-end.
Théo: Qu'est-ce que tu fais?
Elsa: Je suis dans les Alpes. C'est génial!
Théo: Waouh! Quelle chance! Il y a de la neige?
Elsa: Oui, beaucoup de neige. Je fais du ski toute la journée.
Théo: Tu es avec qui?
Elsa: Mes parents. Et toi, qu'est-ce que tu fais?
Théo: Moi rien. Je suis chez moi …

1. Qui parle? ☒ Deux jeunes.   1
2. Qu'est-ce qu'Elsa fait pendant le week-end? ☒   1

3. Elle est avec qui? **ses parents**   2
4. Qu'est-ce qu'Elsa pense de son week-end? ☒ Elle est très contente.   2

Exercice 4: Dialogues et situations   **10 points**

Dialogue 1 (photo de famille):
La fille: C'est qui sur cette photo?
Le garçon: Alors là, il y a mes parents. Ça, c'est mes grands-parents. Et puis là, c'est ma sœur et mes petits frères.
La fille: C'est une chouette photo!
Le garçon: Oui, je l'aime bien.

Dialogue 2 (anniversaire):
La fille: Regarde! Léa a envoyé une photo de son anniversaire.
Le garçon: Oh génial! C'était vraiment une super soirée.
La fille: Oui. Il y avait beaucoup de monde.
Le garçon: Et les amis de Léa sont vraiment super sympas.

Dialogue 3 (tennis):
La fille: Tu as fait quoi ce week-end?
Le garçon: Du tennis. Avec mon club, on a fait une compétition.
La fille: Et vous avez gagné?
Le garçon: Oui! On est champion junior!

Dialogue 4 (vacances):
La fille: Regarde, ça c'est une photo de mes vacances à la plage cet été.
Le garçon: C'est où?
La fille: A la Rochelle.
Le garçon: Tu es partie avec des amis?
La fille: Non. Ce sont mes cousins et mes cousines.

Dialogue 5 (concert):
Le garçon: Samedi soir, j'ai vu un super concert!
La fille: Raconte! C'était où?
Le garçon: Au festival Rock en Seine.
La fille: Il y avait du monde?
Le garçon: Oui. Et la musique était très chouette.

Lösung:

Image A

Dialogue n° *2*

Image B

Dialogue n° *5*

Image D

Dialogue n° *4*

Image E

Dialogue n° *1*

Image F

Dialogue n° *3*

2 Compréhension des écrits   25 points

Exercice 1: Note personelle   6 points

1. Mélanie cherche quel objet? ☒   1

2. Elle a perdu cet objet quel jour? **jeudi**   1
3. Elle a perdu cet objet où? ☒ A la cantine.   1
4. Cet objet est de quelle couleur? **noir**   2
5. Vous avez cet objet. Que devez-vous faire? ☒ Aller à l'accueil du collège. 1

Exercice 2: Programme   6 points

1. Pour qui est ce programme? **Pour les 10 – 14 ans**   1
2. Quel sport pouvez-vous faire le mardi? ☒ Du tennis.   1
3. Vous voulez faire 2 activités, mais vous ne voulez pas payer.   2
   Qu'est-ce que vous pouvez faire?

☒  ☒

4. Où est-ce qu'il faut aller pour s'inscrire? **à l'accueil du camping**   2

Exercice 3: Message   6 points

1. Lucille vous invite à quelle fête? **son anniversaire**   1
2. Qu'est-ce que vous devez apporter? ☒ Une boisson.   1
3. Vous pouvez arriver chez Lucille à quelle heure? **19h30**   1
4. Quelle est l'adresse exacte de Lucille? **15 rue des Mimosas**   1
5. Sur le plan, tracez l'itinéraire pour aller chez Lucille.   2

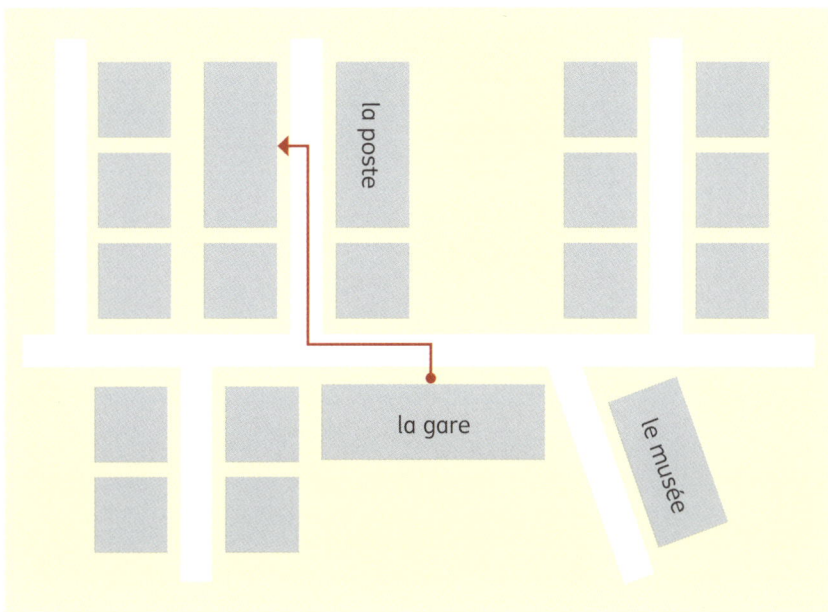

Exercice 4: Publicité — 7 points

1. Le Vaisseau est dans quelle ville? **Strasbourg** — 1
2. Le Vaisseau propose des activités ☒ — 1

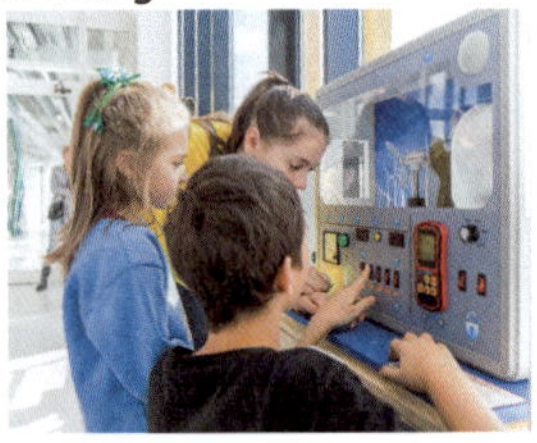

3. Le Vaisseau est ouvert de quelle heure à quelle heure? **de 10 à 18 heures** — 2
4. Quel mois Le Vaisseau ferme 3 semaines? ☒ septembre — 1
5. On peut demander des informations à quelle adresse e-mail? **info@levaisseau.com** — 2

3 Production écrite — 25 points

Du erhältst einen Punkt pro richtigen Eintrag.

Das Datum wird im Französischen mit 23/01/2007 oder 23 janvier 2007 angegeben. Denk daran, dass anders als im Deutschen nicht die Ordnungszahlen verwendet werden.

Exercice 1: Fiche à compléter — 10 points

Musterlösung:

Je ne veux plus de plastique dans ma cantine!

NOM: Muster

Prénom: Marie

Date de naissance: 23/01/2007

Age: 12

Adresse: Sonnenstr. 10

Ville: 82380 Peissenberg

Pays: Allemagne

Téléphone: 08803 / 1234

E-mail: marie.muster@online.de

Classe: 8a

Exercice 2: Message 15 points

> Salut,
>
> Je m'appelle Katia et j'ai 14 ans.
>
> J'habite à Bielefeld en Allemagne.
>
> Mon père s'appelle Stefan, ma mère Martha et ma petite sœur Dora.
>
> Nous avons un chien. Il s'appelle Tobby.
>
> Je fais du tennis le jeudi soir. Et le week-end, je vais au cinéma.
>
> Et toi, tu t'appelles comment? Tu habites où? Comment est ta famille?
>
> Tu fais du sport? Tu fais quoi le week-end?
>
> A bientôt,
>
> Katia

Grille d'évaluation (15 points)	Hinweise
Respect de la consigne *(2 points)*	☐ Die Arbeitsanweisung wurde beachtet. ☐ Die **Länge** des Textes ist angemessen: .... Wörter.
Correction sociolinguistique *(2 points)*	☐ Anfangs- und Schlussformeln werden richtig verwendet. ☐ Die Anrede *(tu)* wurde richtig verwendet.
Capacité à informer et / où à décrire Fähigkeit, über sich und seine Aktivitäten zu berichten *(4 points)*	Der Schüler beschreibt ☐ seinen Namen, Alter, Wohnort, ☐ seine Familie, ☐ seine Freizeitaktivitäten, ☐ und stellt selbst Fragen.
Capacités linguistiques	
Lexique / orthographe lexicale Wortschatz / Rechtschreibung *(3 points)*	☐ Der Schüler beherrscht genügend Grundwortschatz, um das Thema gut bearbeiten zu können. ☐ Der Schüler macht keine schwerwiegenden Rechtschreibfehler.
Morphosyntaxe / orthographe grammaticale Grammatik *(3 points)*	Der Schüler ist ☐ sehr sicher ☐ sicher ☐ weitgehend sicher bei der Verwendung grammatischer Strukturen (Begleiter, Verben, Adjektive, Fragesätze). Der Schüler macht noch Fehler bei ....
Cohérence et cohésion Textaufbau / logische Verbindung der Inhalte *(1 point)*	☐ Einfache Satzstrukturen werden fehlerfrei gebildet. ☐ Der Text ergibt eine sinnvolle Einheit.

In der Tabelle (grille d'évaluation) kannst du lesen, worauf bei der Bewertung geachtet wird und welche Punkte dabei vergeben werden.

4 Production orale   25 points

CD 25

Exercice 1: Entretien dirigé (1 à 2 minutes)

Mit dem Tandembo-
gen auf S. 65/66 und
den Fragen auf der
CD (Track 25) kannst
du dich optimal auf
diesen Prüfungsteil
vorbereiten. Lies dir
auch die Mindmap
Parler de moi auf
S. 67 durch, bevor du
diese Aufgabe machst.

Folgende Prüferfragen sind möglich:
– Vous vous appelez comment?/Votre nom, comment ça s'écrit?
– Vous avez quel âge?
– Quelle est votre nationalité?
– Vous habitez où?
– Vous êtes en quelle classe? Comment s'appelle votre école?
– Quelles matières est-ce que vous aimez?/Quelles matières est-ce que vous n'aimez pas?
– Parlez-moi de votre famille, de vos parents, de vos frères et sœurs. Ils s'appellent comment?
  Qu'est-ce qu'ils font? Ils ont quel âge?
– Parlez-moi de votre maison./Parlez-moi de votre appartement.
– Racontez-moi une journée habituelle./Et le week-end, vous faites quoi?
– Qu'est-ce que vous prenez au petit-déjeuner?
– Qu'est-ce que vous faites après l'école? Vous rentrez à quelle heure, le soir?
– Vous aimez le sport?/Vous faites du sport?
– Quelle musique est-ce que vous aimez?

Versuche zu lächeln,
denn eine positive
Ausstrahlung kommt
immer gut an!

Exercice 2: Echange d'informations (2 minutes environ)

Folgende Fragen könntest du zu den vorgegebenen Themen stellen:

In Klammern stehen
einige mögliche Ant-
worten des Prüfers.

Amis?
Vous avez beaucoup d'amis?
(J'ai des amis, mais pas beaucoup.)
Comment s'appellent vos amis?
(Ils s'appellent Mehdi, Clément et Clara.)
Qu'est-ce que vous faites avec vos amis?
(Je vais au restaurant, je fais du sport.)

Animaux?
Vous aimez les animaux? *(J'aime bien les
chats, mais je n'aime pas trop les chiens.)*
Vous avez des animaux à la maison?
(Non, je n'ai pas d'animaux.)
Vous préférez quels animaux?
(Je préfère les chiens.)

Week-end?
Vous faites quoi le week-end?
*(Je reste avec ma famille et mes amis. Je
vais au restaurant ou au cinéma.)*
Vous travaillez le week-end?
(Non, je ne travaille pas le week-end.)
Vous allez faire quoi le week-end prochain?
(Je vais rester à la maison.)

Nom?
Vous vous appelez comment?
(Je m'appelle Florian.)
Quel est votre nom?
(Je m'appelle Florian GILBERT.)
Vous pouvez épeler, s'il vous plaît?
(G-I-L-B-E-R-T)

Petit-déjeuner?
Vous mangez quoi au petit-déjeuner?
*(Je mange du pain et du fromage. Et je bois
du café.)*
A quelle heure est-ce que vous prenez
votre petit-déjeuner?
(Je prends mon petit-déjeuner vers 8 heures.)
Vous mangez des croissants au petit-déjeuner?
(Oui, je mange des croissants le week-end.)

Télévision?
Vous regardez la télévision le soir?
(Non, je n'aime pas la télévision.)
Vous regardez quoi à la télévision?
(Je regarde les films.)
Vous regardez la télévision avec qui?
(Je regarde la télévision avec mes enfants.)

Exercice 3: Dialogue simulé (ou jeu de rôle) (2 minutes environ)

In der folgenden Übung ist es wichtig, dass ein möglichst natürliches Gespräch zustande kommt. Das könnt ihr am besten zusammen mit einem Partner / einer Partnerin üben. Die folgenden Tandembögen helfen dabei und geben euch Anregungen.

So arbeitet ihr mit den folgenden Tandembögen:
a) Legt zunächst fest, wer welche Rolle übernimmt.
b) Faltet den Tandembogen an der Trennlinie.
c) Schüler/in A beginnt das Gespräch. Schüler/in B übernimmt die Prüferrolle.
d) Sollte Schüler/in A Hilfe benötigen, kann ihm / ihr Schüler/in B Anregungen aus den gelben Kästen geben.
e) Nach einem Durchgang werden die Rollen getauscht.

Sujet 1: A la boulangerie

Schüler/in A	Schüler/in B (Prüferrolle)
Bonjour …	
	Bonjour Monsieur / Madame.
Je peux vous aider?	Je peux vous aider?
	Je voudrais une baguette, s'il vous plaît.
Voilà. Et avec ceci?	Voilà. Et avec ceci?
	Je vais prendre des croissants.
Combien de croissants?	Combien de croissants?
	Trois croissants, s'il vous plaît.
Voilà. Vous désirez encore autre chose?	Voilà. Vous désirez encore autre chose?
	Oui. Je voudrais aussi un coca, s'il vous plaît.
Très bien. Ce sera tout?	Très bien. Ce sera tout?
	Oui. Merci. Ça fait combien?
12 euros 60, s'il vous plaît.	12 euros 60, s'il vous plaît.
	Voilà.
Vous voulez un sac?	Vous voulez un sac?
	Oh oui, merci beaucoup. / Non, merci.
(Voilà.) Au revoir.	(Voilà.) Au revoir.
	Au revoir et bonne journée.

*Die folgenden Tandembögen enthalten **Beispiele** für mögliche Fragen und Antworten von dir und dem Prüfer.*

Sujet 2: Au petit-déjeuner

Schüler/in A	Schüler/in B (Prüferrolle)
Bonjour. Ça va?	
	Bonjour. Oui, ça va bien, merci.
Tu as faim?	Tu as faim?
	Oui.
Qu'est-ce que tu veux manger?	Qu'est-ce que tu veux manger?
	Je voudrais du pain, s'il te plaît.
D'accord. Et tu veux quoi sur ton pain?	D'accord. Et tu veux quoi sur ton pain?
	Du beurre et de la confiture.
Et qu'est-ce que tu veux boire?	Tiens. Voilà. Et qu'est-ce que tu veux boire?
	Je veux bien du lait.
Tu veux du lait chaud ou froid?	Tu veux du lait chaud ou froid?
	Du lait froid. / Du lait chaud.
Tu veux du sucre aussi?	Tu veux du sucre aussi?
	Non, merci. / Oui, je veux bien.
Voilà. C'est bon?	Voilà. C'est bon?
	Oh oui, c'est très bon.
Tu aimes le pain français?	Tu aimes le pain français?
	Oui, j'adore la baguette.

1 Compréhension de l'oral   25 points

Pour répondre aux questions, cochez (✗) la bonne réponse ou écrivez l'information demandée.

Exercice 1: Annonce à la radio   4 points

Vous allez entendre deux fois un document. Il y a 30 secondes de pause entre les deux écoutes puis vous avez 30 secondes pour vérifier vos réponses. Lisez les questions.

Vous êtes en France. Vous entendez cette annonce à la radio. Répondez aux questions.

1. Le message annonce …   1 point
   ☐ un spectacle de théâtre.
   ☐ un spectacle de musique.
   ☐ un spectacle de cirque.

2. Quelle est la date du spectacle à Bordeaux? ....   2 points

3. Pour gagner des places de spectacle, vous devez …   1 point
   ☐ écrire un mail à Radio 33.
   ☐ aller à Radio 33.
   ☐ téléphoner à Radio 33.

Exercice 2: Message   5 points

Vous allez entendre deux fois un document. Il y a 30 secondes de pause entre les deux écoutes puis vous avez 30 secondes pour vérifier vos réponses. Lisez les questions.

Vous êtes en France. Une amie française vous laisse un message. Répondez aux questions.

1. Juliette téléphone pour vous inviter …   1 point
   ☐ au restaurant.
   ☐ à une fête.
   ☐ à un pique-nique.

2. Pourquoi est-ce qu'elle vous invite?   1 point

☐   ☐   ☐

3. C'est de quelle heure à quelle heure? de .... à .... heures   2 points

4. Qu'est-ce que vous devez apporter?   1 point
   ☐ Des pizzas.
   ☐ Des boissons.
   ☐ De la musique.

*Bevor du mit den Aufgaben zum Hörverstehen beginnst, lies dir bitte die Hinweise zur **Compréhension de l'oral** auf S. 5 genau durch.*

Exercice 3: Dialogue de la vie courante · 6 points

> Vous allez entendre deux fois un document. Il y a 30 secondes de pause entre les deux écoutes puis vous avez 30 secondes pour vérifier vos réponses. Lisez les questions.

Vous êtes dans une ville française. Vous entendez ce dialogue entre deux personnes. Répondez aux questions.

1. C'est où? · 1 point
   - ☐ Dans une boulangerie.
   - ☐ Dans un restaurant.
   - ☐ Au marché.

2. La cliente achète quoi? · 3 points

   – ....

   – ....

   – ....

3. Quel est le prix? .... € · 2 points

Exercice 4: Dialogues et situations · 10 points
2 points par bonne réponse

> Vous allez entendre 5 petits dialogues correspondant à 5 situations différentes. Il y a 15 secondes de pause après chaque dialogue. Notez sous chaque image le numéro du dialogue qui correspond. Puis vous allez entendre à nouveau les dialogues. Vous pouvez alors compléter vos réponses. Regardez les images. Attention, il y a 6 images (A, B, C, D, E et F) mais seulement 5 dialogues.

Image A

Dialogue n° ....

Image B

Dialogue n° ....

Image C

Dialogue n° ....

Image D

Dialogue n° ....

Image E

Dialogue n° ....

Image F

Dialogue n° ....

2 Compréhension des écrits   **25 points**

*Auf der S. 5 findest du wichtige Hinweise zur Bearbeitung der **Compréhension des écrits**.*

Pour répondre aux questions, cochez (✗) la bonne réponse ou écrivez l'information demandée.

Exercice 1: Note personnelle   **6 points**

Vous êtes dans une famille française. Vous trouvez ce message sur la table.

> Bonjour,
>
> J'espère que tu as bien dormi. Paul et moi, nous sommes partis au
> travail. Pour ton petit-déjeuner, le café est sur la table. Et dans
> le frigo, il y a le lait et il y a aussi des crêpes pour toi. Quand tu
> vas revenir de l'école, est-ce que tu peux acheter une baguette à
> la boulangerie? Nous allons rentrer vers 19 h 30 et la boulangerie
> ferme à 19 h 00. J'ai laissé 2 euros sur la table.
>
> Merci et à ce soir,
>
> Hélène

Répondez aux questions.

1. C'est quand?   1 point
   ☐ Le matin.
   ☐ L'après-midi.
   ☐ Le soir.

2. Pourquoi est-ce que Hélène et Paul ne sont pas là?   1 point
   ☐ Ils sont partis au travail.
   ☐ Ils font des courses.
   ☐ Ils font une promenade.

3. Qu'est-ce que vous pouvez manger au petit-déjeuner? ....   2 points

4. Les 2 euros sont pour …   1 point
   ☐ acheter des crêpes.
   ☐ prendre un café.
   ☐ acheter du pain.

5. A quelle heure est-ce que Hélène et Paul vont revenir à la maison? .... h ....   1 point

Exercice 2: Publicité　　　　　　　　　　　　　　　　　　　　　　**6 points**

Vous êtes dans la rue à Lyon et on vous donne ce document publicitaire.

DÉCOUVREZ LYON EN SEGWAY!
4 circuits avec nos guides qui savent tout sur la ville.

à partir de **20,– €** par personne

A **Circuit Initiation:** Pour découvrir comment utiliser le Segway dans la ville.
Durée: 30 minutes
Langues: français, anglais, espagnol
Prix: 20 euros
Départ: tous les jours sauf dimanche à 11 h, 13 h et 15 h

C **Circuit Centre-ville:** Pour se promener dans le cœur de la ville.
Durée: 90 minutes
Langues: français, allemand
Prix: 40 euros
Départ: tous les jours sauf dimanche à 10 h et 14 h

B **Circuit Essentiel:** Pour découvrir les parties les plus importantes de la ville.
Durée: 60 minutes
Langues: français, anglais
Prix: 30 euros
Départ: tous les jours sauf dimanche à 10 h et 14 h

D **Circuit Jeu de piste:** Pour jouer, visiter et découvrir la ville en même temps.
Durée: 90 minutes
Langues: français, anglais, italien
Prix: 50 euros
Départ: le samedi et le dimanche à 14 h

Pour participer, vous devez… – avoir 14 ans minimum et peser 45 kilos minimum.
– être avec un adulte si vous avez moins de 16 ans.
– porter des vêtements confortables.

Les casques et les protections sont fournis par nos soins.
Tous les départs sont à notre agence sur la Place Bellecour.

Répondez aux questions.

Quel circuit est-ce que vous choisissez si … *(Notez la bonne lettre: A – D.)*

1. … vous voulez faire une heure de Segway? ....　　　　　　　　　　　1 point

2. … vous voulez un circuit dans votre langue? ....　　　　　　　　　　1 point

3. … vous voulez apprendre à faire du Segway? ....　　　　　　　　　　1 point

4. … vous voulez faire du Segway un dimanche? ....　　　　　　　　　　1 point

5. Votre frère de 10 ans veut aussi faire du Segway. Est-ce que c'est possible?　2 points
   ☐ Oui, mais il doit être avec un adulte.
   ☐ Oui, mais il doit peser 45 kilos.
   ☐ Non, il faut avoir 14 ans.

Exercice 3: Carte postale   **6 points**

Vous recevez cette carte de votre corres français.

Salut,

Je suis en vacances avec mes parents dans les Pyrénées.

Nous sommes dans un super camping et nous faisons

beaucoup de randonnées. Il y a beaucoup de soleil. C'est

chouette. Hier, nous avons visité un musée sur les ours.

C'était très intéressant. Demain, on va passer une journée

à la plage, près de Biarritz.

A bientôt!

Charlie

Répondez aux questions.

1. Où est Charlie?   1 point
   ☐ Dans les Pyrénées.
   ☐ Dans les Alpes.
   ☐ Dans le Massif Central.

2. Il dort où?   1 point
   ☐ A l'hôtel.
   ☐ A l'auberge de jeunesse.
   ☐ Au camping.

3. Il fait quoi? ....   1 point

4. Quelle est la météo?   1 point

☐   ☐   ☐

5. Qu'est-ce qu'il va faire demain? ....   2 points

Exercice 4: Affiche   **7 points**

Vous êtes dans un collège français et vous voyez cette affiche.

Répondez aux questions.

1. L'affiche parle …   1 point
   ☐ d'écologie.
   ☐ d'art.
   ☐ de sport.

2. Le rendez-vous est à quelle date? ....   1 point

3. Les personnes vont faire quoi?   1 point

   ☐    ☐    ☐

4. Il faut porter des vêtements de quelle couleur?   1 point

   ☐    ☐ 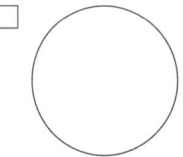   ☐

5. Le rendez-vous est où et à quelle heure? ....   2 points

6. On peut avoir des informations où?   1 point
   ☐ A l'école.
   ☐ Sur Internet.
   ☐ A l'office de tourisme.

3 Production écrite   25 points

Exercice 1: Formulaire   10 points

Vous êtes en France et vous voulez vous inscrire à un club de sport. Remplissez le formulaire.

*Denke daran, dir die Hinweise zur **Production écrite** auf S. 6 – 7 durchzulesen, bevor du mit der Aufgabe beginnst.*

Une semaine pour découvrir un nouveau sport. Inscris-toi vite!

NOM

....

Prénom

....

Âge

....

Nationalité

....

Adresse

....

Ville

....

Pays

....

Téléphone

....

E-mail

....

Sport choisi

....

CLUB SPORTIF

Exercice 2: Carte postale   15 points

Vous êtes en vacances. Vous écrivez une carte postale à un/e ami/e français/e.
– Vous dites où vous êtes et avec qui.
– Vous parlez de la météo.
– Vous parlez de vos activités.

40 mots minimum

4 Production orale   25 points

Exercice 1: Entretien dirigé (1 à 2 minutes)

Zu Beginn der Prüfung sollst du zeigen, dass du Fragen über dich und dein Umfeld beantworten kannst. Hier stehen mögliche Prüferfragen.

Vous répondez aux questions de l'examinateur sur vous, votre famille, vos goûts ou vos activités.

Exemples:
– Vous vous appelez comment? / Votre nom, comment ça s'écrit?
– Vous avez quel âge?
– Quelle est votre nationalité?
– Vous habitez où?
– Vous êtes en quelle classe? Comment s'appelle votre école?
– Quelles matières est-ce que vous aimez? / Quelles matières est-ce que vous n'aimez pas?
– Parlez-moi de votre famille, de vos parents, de vos frères et sœurs.
  Ils s'appellent comment? Qu'est-ce qu'ils font? Ils ont quel âge?
– Parlez-moi de votre maison. / Parlez-moi de votre appartement.
– Racontez-moi une journée habituelle. / Et le week-end, vous faites quoi?
– Qu'est-ce que vous prenez au petit-déjeuner?
– Qu'est-ce que vous faites après l'école? Vous rentrez à quelle heure, le soir?
– Vous aimez le sport? / Vous faites du sport?
– Quelle musique est-ce que vous aimez?

Exercice 2: Echange d'informations (2 minutes environ)

In diesem Prüfungsteil ziehst du 6 Karten. Deine Aufgabe ist es, deinem Prüfer zu den Themen auf den Karten **Fragen zu stellen.**

Vous tirez au sort 6 cartes. Vous voulez connaître l'examinateur. Vous lui posez des questions à l'aide des mots écrits sur les cartes.
Vous ne devez pas obligatoirement utiliser le mot, vous pouvez poser une question sur le thème

Exemple: **Date de naissance**   Vous avez quel âge?

Ski?   **Ville?**   **Anniversaire?**

Saison?   **Langue?**   **Téléphone?**

*Vergiss nicht, dir die Hinweise zur **Production orale** auf S. 7–9 durchzulesen.*

*Mit dem Tandembogen auf S. 65 / 66 und der Mindmap **Parler de moi** auf S. 67 kannst du dich auf die Fragen des Prüfers vorbereiten. Du kannst dir die Fragen auch auf der CD (Track 25) anhören.*

Im Lösungsteil findest du Beispiele für Fragen, die du stellen kannst. Mit den Mindmaps im Anhang kannst du Vokabeln zu verschiedenen Themen wiederholen.

Für die Prüfungsteile 2 und 3 hast du insgesamt 10 Minuten Vorbereitungszeit.

*Denke an die Begrü-
ßung und Höflichkeits-
formen!*

*Im Lösungsteil findest
du Musterdialoge und
im Anhang eine Mind-
map zum Thema
L'alimentation (S. 71).*

Exercice 3: Dialogue simulé (ou jeu de rôle) (2 minutes environ)

In diesem Prüfungsteil ziehst du zwei Situationen und kannst dir eine davon aussuchen.
Es wird von dir erwartet, dass du eine Alltagssituation nachspielen und dich auf Französisch
angemessen ausdrücken kannst.

Vous tirez au sort 2 sujets. Vous en choisissez un. Vous jouez la situation proposée.

Sujet 1: A la cantine
Vous êtes à la cantine dans une école en France. Vous demandez une entrée, un plat et un
dessert à la personne qui sert les repas.
L'examinateur joue le rôle de la personne qui sert les repas.

Sujet 2: A l'office de tourisme
Vous êtes dans un office de tourisme en France. Vous demandez des informations sur le bus et achetez un ticket.
L'examinateur joue le rôle de la personne à l'office de tourisme.

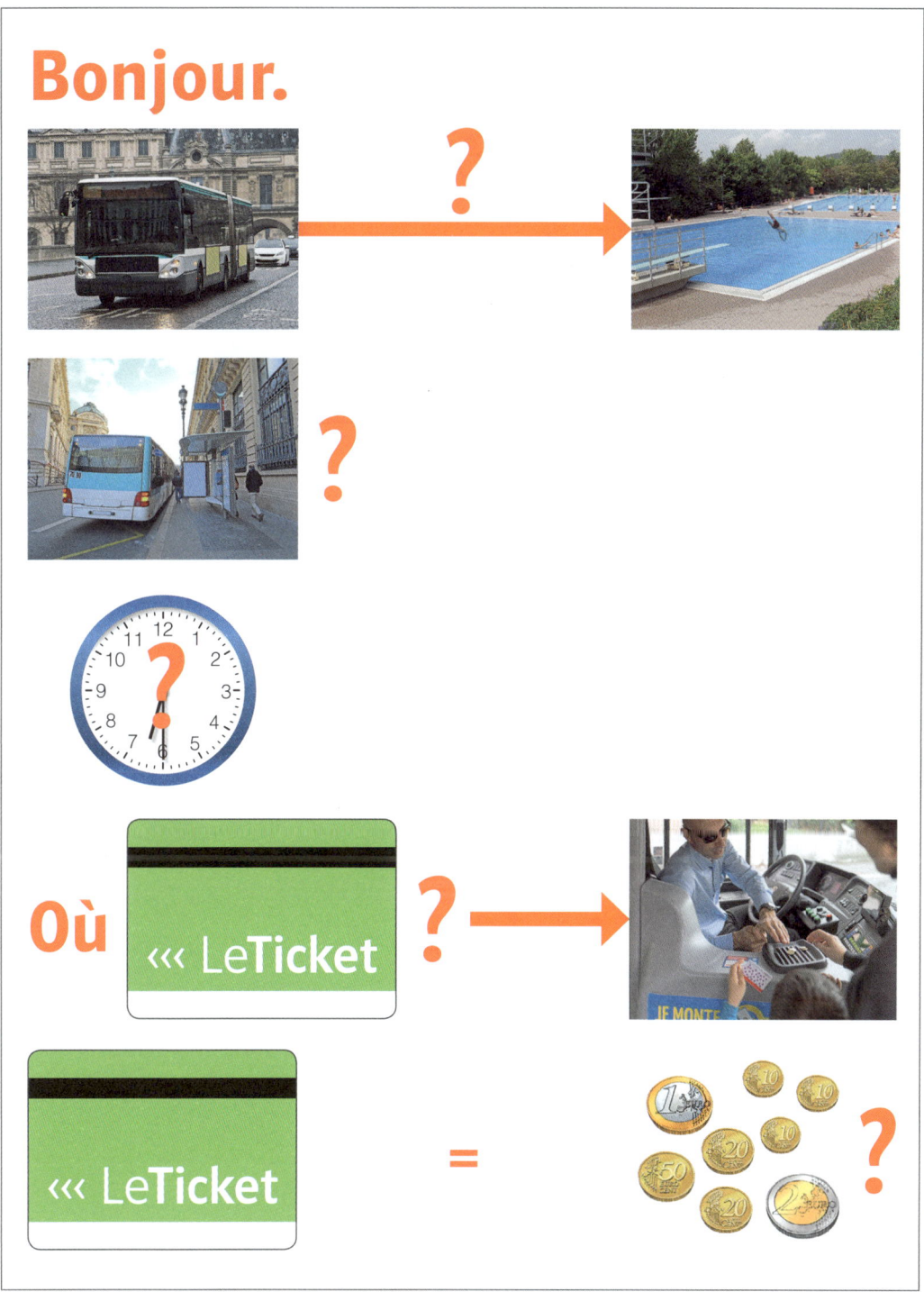

1 Compréhension de l'oral   25 points

Exercice 1: Annonce à la radio   4 points

Après plusieurs années de silence, Mathieu Chedid, alias M, sort un nouveau CD et va proposer à ses fans de nombreux concerts entre les mois de février et de mai. Il sera chez nous, à Bordeaux, le 11 avril à 21 heures et Radio 33 vous offre des places pour le concert. Téléphonez vite au 05 46 73 65 22.

Lösungen:
1. Le message annonce ☒ un spectacle de musique.   1
2. Quelle est la date du spectacle à Bordeaux? **11 avril**   2
3. Pour gagner des places de spectacle, vous devez ☒ téléphoner à Radio 33.   1

Exercice 2: Message   5 points

Salut, c'est Juliette. Je t'appelle pour t'inviter à mon anniversaire. Je fais une fête chez moi samedi, de 19 heures à 22 heures. Au programme: pizzas, gâteaux et musique pour la danse. Est-ce que tu peux apporter quelque chose à boire, s'il te plaît?
Rappelle-moi vite pour me dire si tu peux venir. Bises

Lösungen:
1. Juliette téléphone pour vous inviter ☒ à une fête.   1
2. Pourquoi est-ce qu'elle vous invite? ☒   1

3. C'est de quelle heure à quelle heure? de **19** à **22** heures   2
4. Qu'est-ce que vous devez apporter? ☒ Des boissons.   1

Exercice 3: Dialogue de la vie courante   6 points

Le marchand: Bonjour madame.
La cliente: Bonjour. Je voudrais 6 tomates, s'il vous plaît.
Le marchand: Voilà. Et avec ça?
La cliente: Je vais prendre une salade.
Le marchand: Une belle salade! Il vous faut autre chose?
La cliente: Oui. Mettez-moi aussi un kilo d'abricots.
Le marchand: Ce sera tout?
La cliente: Oui. Ça fait combien?
Le marchand: 7,60 €, s'il vous plaît.
La cliente: Voilà. Merci. Bonne journée.
Le marchand: Merci. Au revoir.

Lösungen:
1. C'est où? ☒ Au marché.   1
2. La cliente achète quoi? **des tomates, une salade, des abricots**   3
3. Quel est le prix? **7,60 €**   2

Exercice 4: Dialogues et situations   10 points

Dialogue 1 (self / cantine)
Une fille: Oh chouette! C'est la journée Italie à la cantine.
Un garçon: Ils ont fait quoi?
Une fille: Il y a plein de pizzas et des super pâtes. Et regarde: en dessert, il y a des glaces!

Dialogue 2 (en cours de français)
Professeure: Bien. Aujourd'hui, on va lire un texte. Mais d'abord, on va lire les questions sur le texte. Marco, tu peux lire les questions, s'il te plaît?
Marco: Oui Madame. C'est quelle page?

Dialogue 3 (piscine)
Un garçon: Tu viens te baigner? Ça fait du bien de nager après les cours.
Une fille: L'eau n'est pas trop froide en ce moment?
Un garçon: Non, elle est super bonne.

Dialogue 4 (feu de camp)
Une fille: Il chante bien, Mathieu.
Un garçon: C'est vrai. C'est très sympa cette soirée.
Une fille: Il fait un peu froid tout de même.
Un garçon: Tu es loin du feu, c'est pour ça.

Dialogue 5 (randonnée)
Un garçon: C'est beau ici!
Une fille: Oui, mais je suis fatiguée. Tu crois que la randonnée va encore être longue?
Un garçon: Mais non. On est bientôt arrivés. Regarde: on voit le bus, là-bas.

Lösung:

Image A

Dialogue n° 2

Image B

Dialogue n° 4

Image D

Dialogue n° 3

Image E

Dialogue n° 1

Image F

Dialogue n° 5

2 Compréhension des écrits   25 points

Exercice 1: Note personnelle   6 points

1. C'est quand? ☒ Le matin.   1
2. Pourquoi est-ce que Hélène et Paul ne sont pas là? ☒ Ils sont partis au travail.   1
3. Qu'est-ce que vous pouvez manger au petit-déjeuner? **des crêpes**   2
4. Les 2 euros sont pour ☒ acheter du pain.   1
5. A quelle heure est-ce que Hélène et Paul vont revenir à la maison? **19 h 30**   1

Exercice 2: Publicité   6 points

Quel circuit est-ce que vous choisissez si …
1. … vous voulez faire une heure de Segway? **B**   1
2. … vous voulez un circuit dans votre langue? **C**   1
3. … vous voulez apprendre à faire du Segway? **A**   1
4. … vous voulez faire du Segway un dimanche? **D**   1
5. Votre frère de 10 ans veut aussi faire du Segway. Est-ce que c'est possible? 2
   ☒ Non, il faut avoir 14 ans.

Exercice 3: Carte postale   6 points

1. Où est Charlie? ☒ Dans les Pyrénées.   1
2. Il dort où? ☒ Au camping.   1
3. Il fait quoi? **de la randonnée**   1
4. Quelle est la météo? ☒   1

5. Qu'est-ce qu'il va faire demain? **aller à la plage**   2

Exercice 4: Affiche   7 points

1. L'affiche parle ☒ d'écologie.   1
2. Le rendez-vous est à quelle date? **15 mars**   1
3. Les personnes vont faire quoi? ☒   1

4. Il faut porter des vêtements de quelle couleur? ☒   1

5. Le rendez-vous est où et à quelle heure? **devant le collège, à 9 h 30**   2
6. On peut avoir des informations où? ☒ Sur Internet.   1

3 Production écrite   25 points

Exercice 1: Formulaire   10 points

Une semaine pour découvrir un nouveau sport. Inscris-toi vite!

NOM	Muster
Prénom	Lukas
Âge	12
Nationalité	Allemand
Adresse	Bonner Str. 123
Ville	53773 Hennef
Pays	Allemagne
Téléphone	02242/12 34 56
E-mail	luk.muster@online.de
Sport choisi	football

CLUB SPORTIF

Exercice 2: Carte postale   15 points

Salut!

Je suis en vacances en Autriche avec mes parents.

Il fait très beau et très chaud. C'est super!

Je fais de la randonnée et du VTT et je vais à la piscine

du camping.

Demain, je vais visiter Salzburg, la ville de Mozart.

Bises,

Markus

In der Tabelle (grille d'évaluation) kannst du lesen, worauf bei der Bewertung geachtet wird und welche Punkte dabei vergeben werden.

Grille d'évaluation (15 points)	Hinweise
Respect de la consigne *(2 points)*	☐ Die Arbeitsanweisung wurde beachtet. ☐ Die **Länge** des Textes ist angemessen: .... Wörter.
Correction sociolinguistique *(2 points)*	☐ Anfangs- und Schlussformeln werden richtig verwendet. ☐ Die Anrede *(Salut)* wurde richtig verwendet.
Capacité à informer et / où à décrire Fähigkeit, über sich und seine Aktivitäten zu berichten *(4 points)*	Der Schüler beschreibt ☐ den Ort, ☐ die Mitreisenden, ☐ das Wetter, ☐ und die Aktivitäten. ☐ Die Elemente werden angemessen beschrieben.
Capacités linguistiques	
Lexique / orthographe lexicale Wortschatz / Rechtschreibung *(3 points)*	☐ Der Schüler beherrscht genügend Grundwortschatz, um das Thema gut bearbeiten zu können. ☐ Der Schüler macht keine schwerwiegenden Rechtschreibfehler.
Morphosyntaxe / orthographe grammaticale Grammatik *(3 points)*	Der Schüler ist ☐ sehr sicher ☐ sicher ☐ weitgehend sicher bei der Verwendung grammatischer Strukturen (Begleiter, Verben, Adjektive). Der Schüler macht noch Fehler bei ....
Cohérence et cohésion Textaufbau / logische Verbindung der Inhalte *(1 point)*	☐ Einfache Satzstrukturen werden fehlerfrei gebildet. ☐ Der Text ergibt eine sinnvolle Einheit.

4 Production orale   25 points

CD 25

Exercice 1: Entretien dirigé (1 à 2 minutes)

Zu Beginn der Prüfung wirst du von deinem Prüfer begrüßt. Vergiss nicht, die Begrüßung zu erwidern. Versuche zu lächeln, denn eine positive Ausstrahlung kommt immer gut an!

Folgende Prüferfragen sind möglich:
– Vous vous appelez comment? / Votre nom, comment ça s'écrit?
– Vous avez quel âge?
– Quelle est votre nationalité?
– Vous habitez où?
– Vous êtes en quelle classe? Comment s'appelle votre école?
– Quelles matières est-ce que vous aimez? / Quelles matières est-ce que vous n'aimez pas?
– Parlez-moi de votre famille, de vos parents, de vos frères et sœurs. Ils s'appellent comment? Qu'est-ce qu'ils font? Ils ont quel âge?
– Parlez-moi de votre maison. / Parlez-moi de votre appartement.
– Racontez-moi une journée habituelle. / Et le week-end, vous faites quoi?
– Qu'est-ce que vous prenez au petit-déjeuner?
– Qu'est-ce que vous faites après l'école? Vous rentrez à quelle heure, le soir?
– Vous aimez le sport? / Vous faites du sport?
– Quelle musique est-ce que vous aimez?

*In dem Tandembogen **Parler de moi** auf S. 65 / 66 und der Mindmap **Parler de moi** auf S. 67 findest du wichtige Ausdrücke, um dich auf diesen Prüfungsteil vorzubereiten.*

Exercice 2: Echange d'informations (2 minutes environ)

Folgende Fragen könntest du zu den vorgegebenen Themen stellen:

Ski?
Vous faites du ski en hiver? *(Oui, un peu. Je vais une semaine dans les Alpes.)*
Vous aimez le ski? *(Oui, j'aime bien le ski./ Non, je n'aime pas le ski.)*
Vous regardez les compétitions de ski à la télé? *(Oui, je regarde les compétitions de biathlon.)*

Anniversaire?
Qu'est-ce que vous faites pour votre anniversaire?
(J'invite des amis et ma famille et on fait la fête.)
Votre anniversaire, c'est en hiver?
(Non, mon anniversaire, c'est en été.)
Vous avez eu des cadeaux pour votre anniversaire? *(Oui, j'ai eu des livres.)*

Langue?
Vous parlez quelle langue?
(Je parle français, anglais et espagnol.)
Vous voulez apprendre quelle langue?
(Je veux apprendre l'arabe.)
Vous écoutez de la musique dans quelle langue? *(En Français et en anglais.)*

Ville?
Vous habitez où?
(J'habite à Strasbourg.)
Vous aimez visiter des villes?
(Oui, j'aime bien.)
Quelle est votre ville préférée?
(Je ne sais pas. J'aime Paris et Berlin.)

Saison?
Quelle est votre saison préférée? Pourquoi?
(J'aime bien le printemps parce qu'il y a beaucoup de fleurs.)
Vous partez en vacances en quelle saison?
(Je pars en vacances en été.)
Quelle saison n'aimez-vous pas?
(J'aime toutes les saisons.)

Téléphone?
Quel est votre numéro de téléphone?
(C'est le 03 48 10 78 …)
Vous avez un téléphone portable?
(Oui, bien sûr.)

Exercice 3: Dialogue simulé (ou jeu de rôle) (2 minutes environ)

In der folgenden Übung ist es wichtig, dass ein möglichst natürliches Gespräch zustande kommt. Das könnt ihr am besten zusammen mit einem Partner / einer Partnerin üben. Die folgenden Tandembögen helfen dabei und geben euch Anregungen.

So arbeitet ihr mit den folgenden Tandembögen:
a) Legt zunächst fest, wer welche Rolle übernimmt.
b) Faltet den Tandembogen an der Trennlinie.
c) Schüler/in A beginnt das Gespräch. Schüler/in B übernimmt die Prüferrolle.
d) Sollte Schüler/in A Hilfe benötigen, kann ihm / ihr Schüler/in B Anregungen aus den gelben Kästen geben.
e) Nach einem Durchgang werden die Rollen getauscht.

Sujet 1: A la cantine

Schüler/in A	Schüler/in B (Prüferrolle)
Bonjour Monsieur / Madame.	
	Bonjour …
Qu'est-ce que tu veux comme entrée?	Qu'est-ce que tu veux comme entrée?
	Je voudrais des tomates, s'il vous plaît.
Voilà. Et comme plat, qu'est-ce que tu veux?	Voilà. Et comme plat, qu'est-ce que tu veux?
	Je voudrais du poulet.
Et tu veux quoi avec?	Et tu veux quoi avec?
	Des frites, s'il vous plaît.
Tu veux de la moutarde, du ketchup?	Tu veux de la moutarde, du ketchup?
	Oui. Je veux bien du ketchup.
Voilà. Et en dessert, tu prends quoi?	Voilà. Et en dessert, tu prends quoi?
	Je voudrais une banane, s'il vous plaît.
Très bien. Bon appétit!	Très bien. Bon appétit!
	Merci. Au revoir

Sujet 2: A l'office de tourisme

Schüler/in A	Schüler/in B (Prüferrolle)
Bonjour Monsieur / Madame.	
	Bonjour Monsieur / Madame.
Je peux vous aider?	Je peux vous aider?
	Je voudrais avoir des informations sur les bus.
Oui. Vous voulez allez où?	Oui. Vous voulez allez où?
	A la piscine.
Vous pouvez prendre le 7 ou le 11.	Vous pouvez prendre le 7 ou le 11.
	D'accord. Et le bus est où?
Juste devant l'office de tourisme.	Juste devant l'office de tourisme.
	Très bien. Le bus part à quelle heure?
Il y a des bus toutes les 10 minutes.	Il y a des bus toutes les 10 minutes.
	D'accord. Et j'achète le ticket où?
Dans le bus.	Dans le bus.
	Et ça coûte combien?
C'est 1,50 euro.	C'est 1,50 euro.
	D'accord. Merci. Au revoir.

Ihr könnt diesen Prüfungsteil mit einem Partner / einer Partnerin üben. Einer übernimmt die Rolle des Prüfers / der Prüferin, der andere antwortet in der Rolle des Schülers / der Schülerin und anschließend tauscht ihr die Rollen.

Prüfer/in	Schüler/in
Bonjour.	Bonjour madame / monsieur.
Vous vous appelez comment? Votre nom, comment ça s'écrit?	Je m'appelle … (Julia Meyer). … (M-E-Y-E-R)
Vous avez quel âge?	J'ai … ans.
Quelle est votre nationalité? Vous habitez où?	Je suis allemand(e) / … J'habite à … (Cologne) en Allemagne.
Vous êtes en quelle classe? Où est-ce que vous allez à l'école? Comment s'appelle votre école?	Je suis dans la classe 7 / 8. Je vais à l'école / au collège à … Mon école s'appelle …
Quelles matières est-ce que vous aimez? / Quelles matières est-ce que vous n'aimez pas?	J'aime / Je n'aime pas … les maths / l'allemand / l'anglais / le français / la chimie / la physique / les S.V.T. / l'E.P.S. / la musique / le dessin / l'informatique …
Parlez-moi de votre famille. Vous avez des frères et sœurs?	Oui, j'ai … frères et … sœurs. / Non.
Ils s'appellent comment? Qu'est-ce qu'ils font? Ils ont quel âge?	Ma sœur s'appelle … et mon frère s'appelle … … Ma sœur va à l'école et mon frère travaille. Ma sœur a … ans et mon frère … ans.
Parlez-moi de votre appartement / de votre maison.	Nous habitons … – dans une grande / petite maison (avec un jardin). – dans un appartement (avec balcon / terrasse). Notre maison / appartement a une grande / petite cuisine / salle de bains, un grand / petit salon …
Racontez-moi une journée habituelle.	A … heures, – je vais dans la salle de bains, – je prends une douche, – je prends mon petit-déjeuner, – je vais à l'école, – je mange à la cantine, – je rentre de l'école, – je fais mes devoirs, …
Et le week-end, vous faites quoi?	Le week-end, – j'écoute de la musique, – je vais au cinéma, – je rencontre des amis, – je fais du sport, du vélo, du foot, du tennis, de la danse, du ping-pong, du handball, du volley …
Qu'est-ce que vous prenez au petit-déjeuner?	Pour le petit-déjeuner, j'aime / préfère les céréales / le yaourt / le pain / les croissants / la confiture / le miel / le beurre / le fromage / les fruits (les oranges / les bananes / les pommes) … ☺☺ Comme boisson, j'adore le café / le chocolat chaud / le thé / le jus d'orange / le lait / le coca / l'eau minérale / …

*Der Tandembogen enthält **Beispiele** für Fragen des Prüfers und mögliche Antworten von dir.*

Qu'est-ce que vous faites après l'école? Vous rentrez à quelle heure, le soir?	L'après-midi, – je joue à l'ordinateur / je surfe sur Internet, – je rencontre mes amis, – je lis un livre / une BD, – je regarde la télé. Le soir, – je rentre à 19 heures, – je mange avec ma famille, – je vais au lit à 22 heures.
Vous aimez le sport? Vous faites du sport?	🙂🙂 Oui, j'adore le sport. Je fais du vélo / du foot / du tennis / de la danse / du ping-pong / du handball … ou 🙁 Non, je n'aime pas le sport. Je préfère jouer à l'ordinateur / surfer sur Internet / faire de la musique.
Quelle musique est-ce que vous aimez?	J'aime la musique rock / hip-hop / reggae / … Mon groupe préféré / Ma star préférée, c'est …

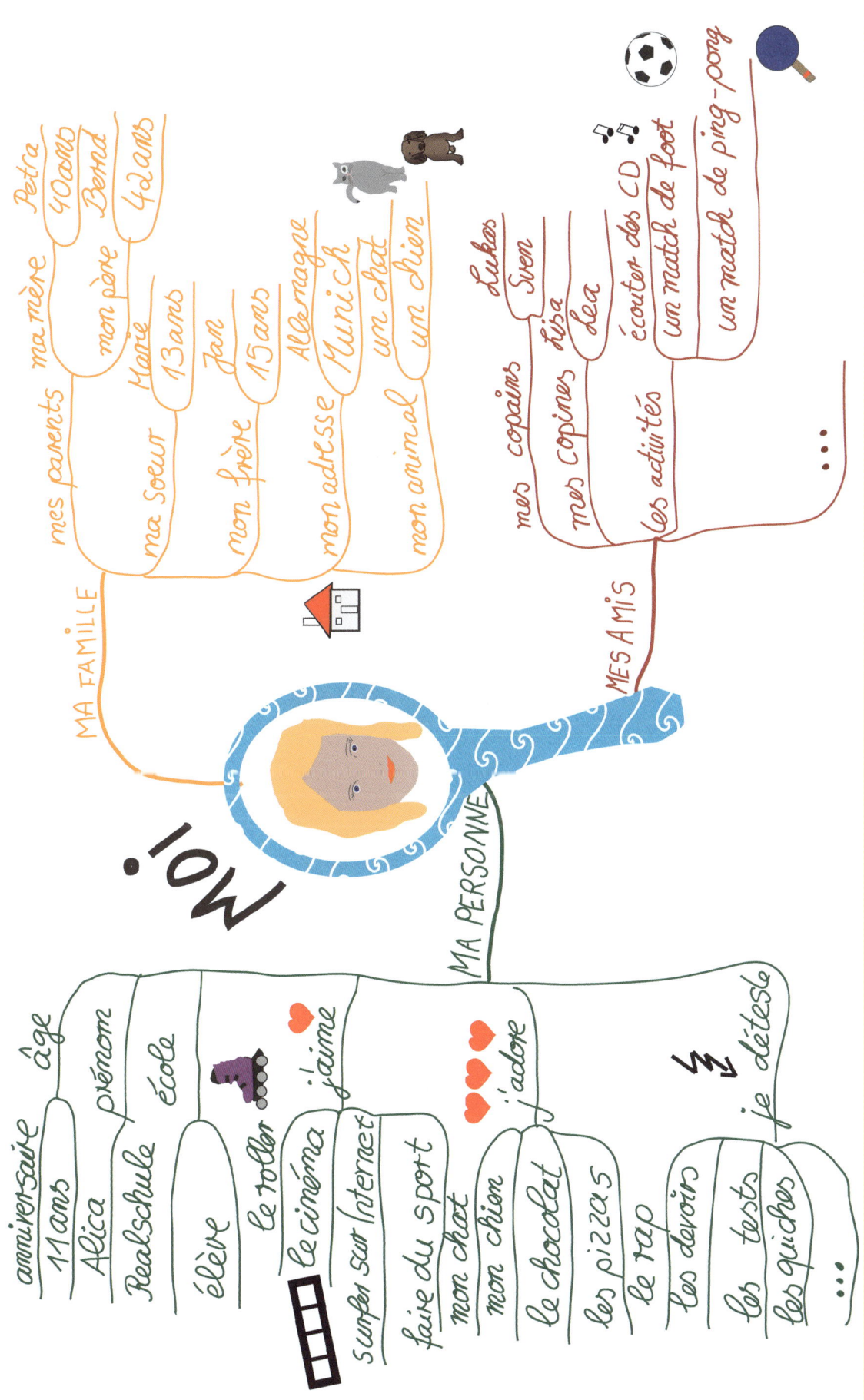

Moi

MA FAMILLE

mes parents
- ma mère — Petra — 40ans
- mon père — Bernd — 42ans

ma sœur — Marie — 13ans

mon frère — Jan — 15ans

mon adresse — Allemagne — Munich

mon animal — un chat — un chien

MES AMIS

mes copains
- Lukas
- Sven

mes copines
- Lisa
- Lea

les activités
- écouter des CD
- un match de foot
- un match de ping-pong
- ...

MA PERSONNE

- anniversaire — 11 ans
- âge
- prénom — Alica
- école — Realschule
- élève
- le roller
- le cinéma — j'aime
- surfer sur Internet
- faire du sport — j'adore
- mon chat
- mon chien
- le chocolat
- les pizzas
- le rap
- les devoirs — je déteste
- les tests
- les quiches
- ...

67

LES ENDROITS

la bibliothèque
la cantine
le secrétariat
les toilettes
le café
la cour
le gymnase
la salle
de classe
de musique
de chimie
des profs

LES PERSONNES

la secrétaire
le principal
les profs
les élèves
le concierge

L'ÉCOLE

LES MATIÈRES

l'allemand
anglais
l'histoire
le français
sport
la géographie
biologie
chimie
religion +
musique

LES ACTIVITÉS

écouter
travailler
faire des exercices
dessiner
faire du sport
chanter
faire les devoirs
écrire des textes

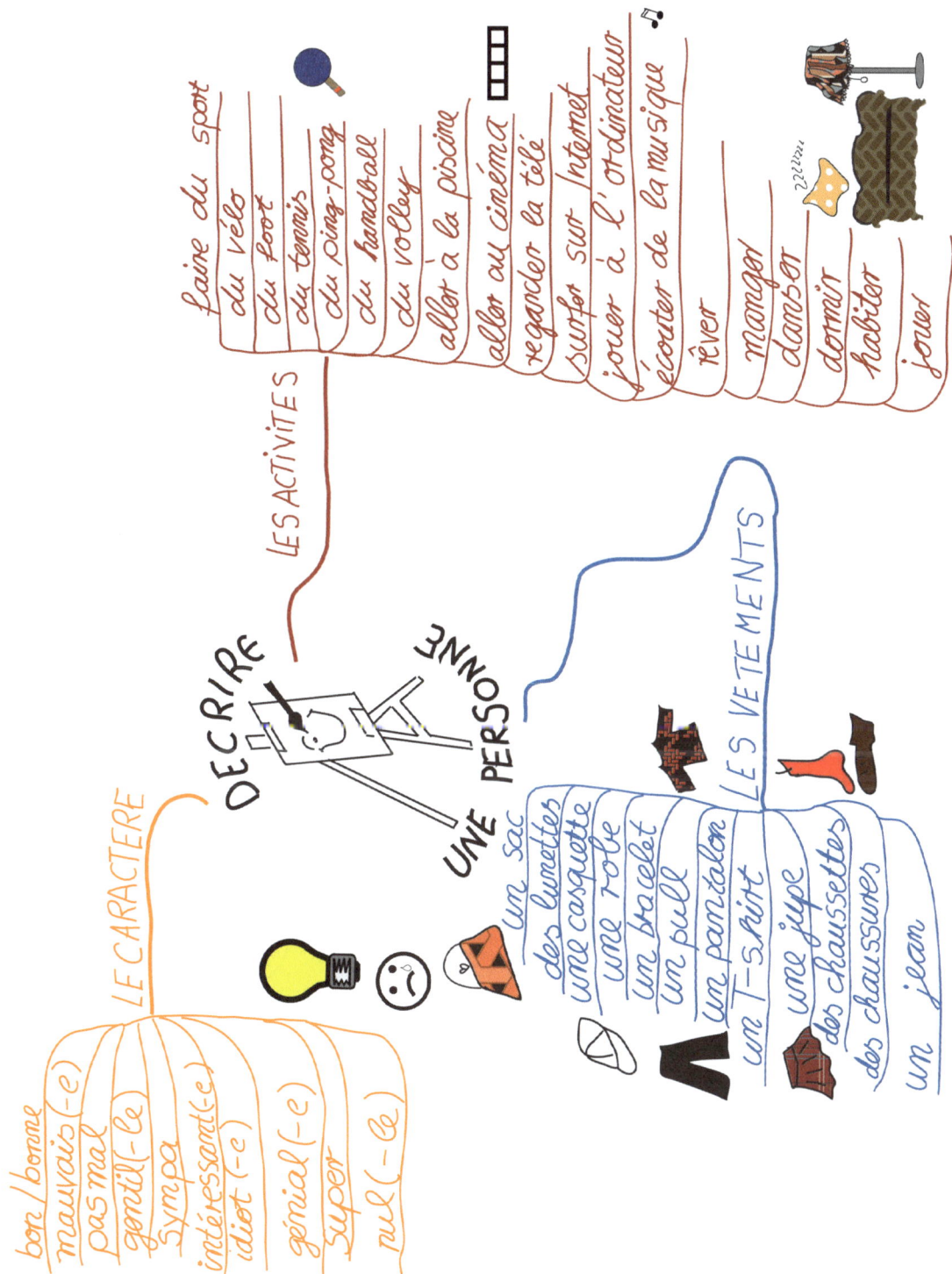

LES ACTIVITÉS

faire du sport
du vélo
du foot
du tennis
du ping-pong
du handball
du volley
aller à la piscine
aller au cinéma
regarder la télé
surfer sur Internet
jouer à l'ordinateur
écouter de la musique
rêver
manger
danser
dormir
habiter
jouer

DÉCRIRE UNE PERSONNE

LE CARACTERE

bon / bonne
mauvais (-e)
pas mal
gentil (-le)
sympa
intéressant (-e)
idiot (-e)
génial (-e)
super
nul (-le)

LES VÊTEMENTS

un sac
des lunettes
une casquette
une robe
un bracelet
un pull
un pantalon
un T-shirt
une jupe
des chaussettes
des chaussures
un jean

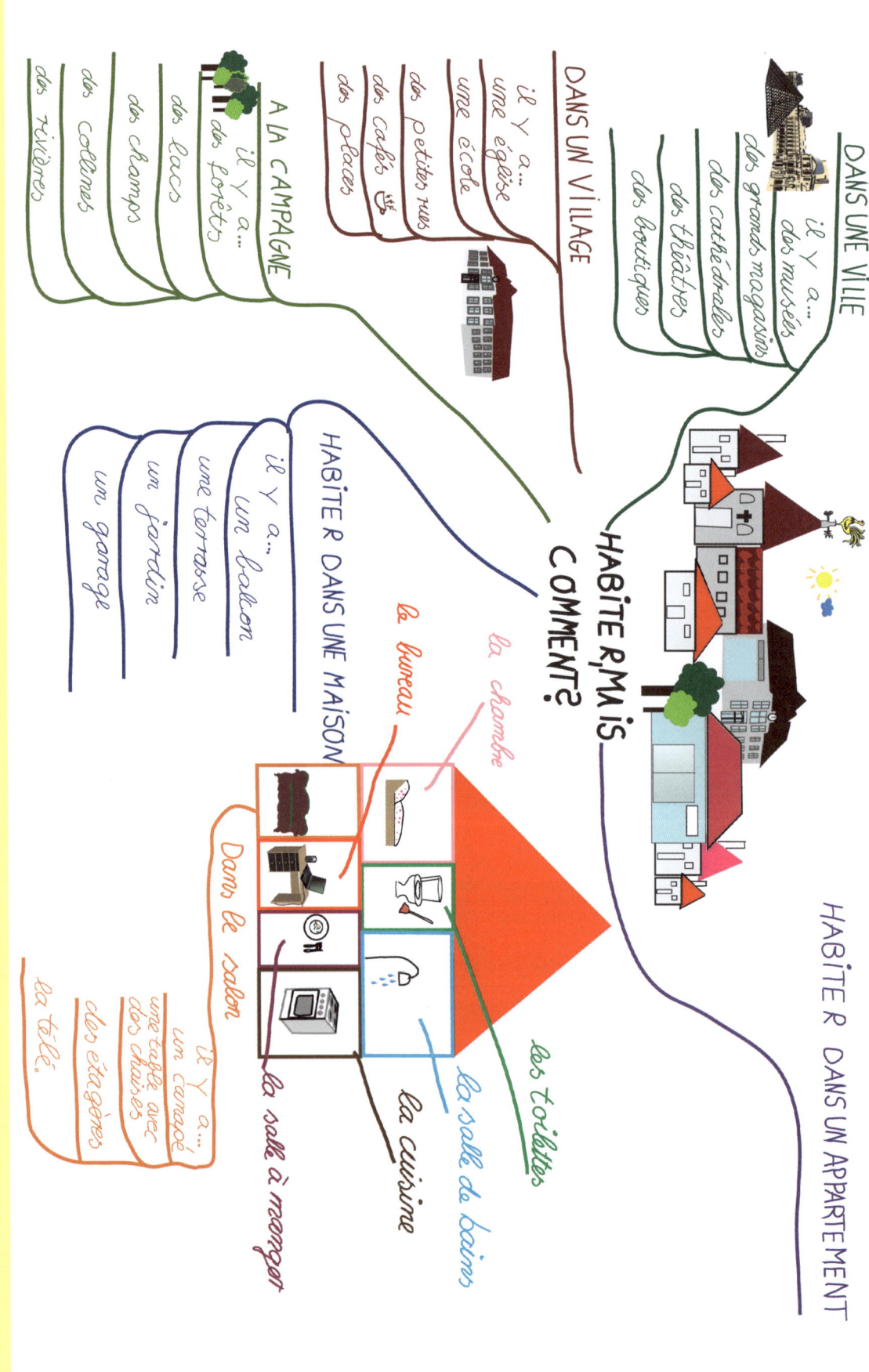

DANS UNE VILLE

il y a...
des musées
des grands magasins
des cathédrales
des théâtres
des boutiques

DANS UN VILLAGE

il y a...
une église
une école
des petites rues
des cafés
des places

A LA CAMPAGNE

il y a...
des forêts
des lacs
des champs
des collines
des rivières

HABITER, MAIS
COMMENT ?

HABITER DANS UNE MAISON

il y a...
un balcon
une terrasse
un jardin
un garage

le bureau
la chambre
les toilettes
la salle de bains
la cuisine

Dans le salon

il y a...
un canapé
une table avec
des chaises
des étagères
la télé.

la salle à manger

HABITER DANS UN APPARTEMENT

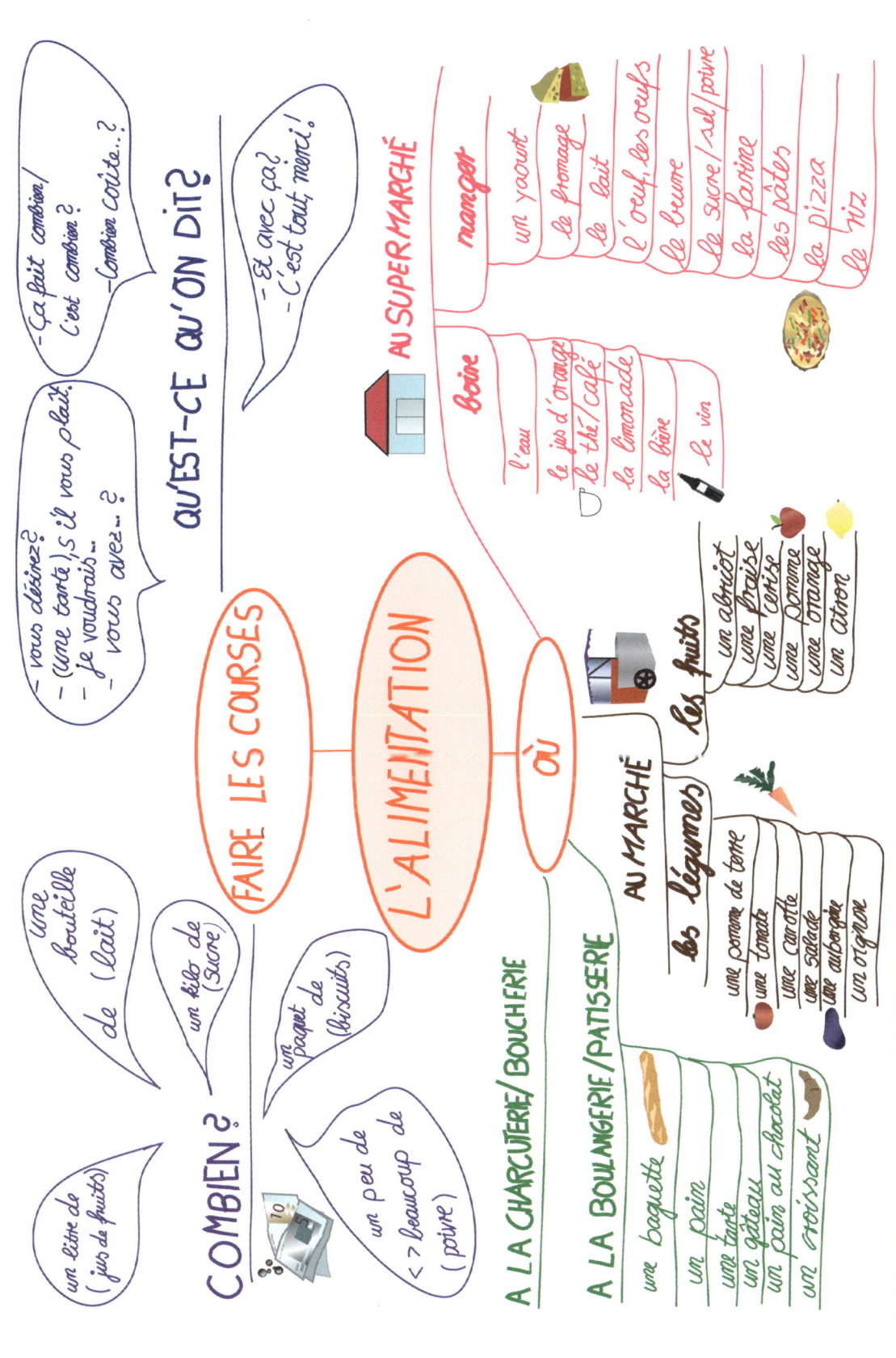

QU'EST-CE QU'ON DIT?

– Ça fait combien/
  C'est combien ?
– Combien coûte... ?

– Et avec ça?
– C'est tout, merci!

– vous désirez?
– (une tarte), s'il vous plaît.
– Je voudrais...
– vous avez... ?

AU SUPERMARCHÉ

manger
un yaourt
le fromage
le lait
l'œuf, les œufs
le beurre
le sucre/sel/poivre
la farine
les pâtes
la pizza
le riz

boire
l'eau
le jus d'orange
le thé/café
la limonade
la bière
le vin

FAIRE LES COURSES

L'ALIMENTATION

où

les fruits
un abricot
une fraise
une cerise
une pomme
une orange
un citron

AU MARCHÉ

les légumes
une pomme de terre
une tomate
une carotte
une salade
une aubergine
un oignon

À LA CHARCUTERIE/BOUCHERIE

À LA BOULANGERIE/PÂTISSERIE
une baguette
un pain
une tarte
un gâteau
un pain au chocolat
un croissant

COMBIEN ?

une bouteille
de (lait)

un kilo de
(sucre)

un paquet de
(biscuits)

un litre de
(jus de fruits)

un peu de
< > beaucoup de
(poivre)

Wie kann ich mich weiter verbessern?

 Schreibe dir wichtige **Vokabeln** aus den Texten und Aufgaben heraus und schlage sie bei Bedarf im Wörterbuch nach. Du kannst dir Wörter am besten merken, wenn du sie in Sinnzusammenhängen lernst, z. B. mit Bildern, im Satzzusammenhang oder in Form einer Mindmap zu einem bestimmten Thema. Die Mindmaps im Anhang helfen dir dabei. Ergänze diese Mindmaps mit Vokabeln aus den Texten und erstelle dir deine **persönlichen Mindmaps** zu verschiedenen Themengebieten.
Vergiss nicht: Damit Vokabeln in deinem Langzeitgedächtnis verankert werden, musst du sie in **regelmäßigen Abständen wiederholen**!

 Schaue dir die **Lösungsvorschläge** zur *Production écrite* gut an. Sie können dir gute **Ideen und Anregungen** geben. Notiere dir nützliche Redewendungen und versuche, die Fehler in deinen Lösungen selbst zu korrigieren. Die Tabellen zur Bewertung zeigen dir, worauf es bei der Bewertung ankommt.

 Die **Lösungsvorschläge** zur *Production orale* geben dir Hilfestellung. Der Tandembogen mit dem Musterdialog auf S. 65 / 66 hilft dir bei der Vorbereitung auf den ersten Teil der mündlichen Prüfung. Du kannst dir die Prüferfragen auch auf der Audio-CD, Track 25, anhören.
Für den zweiten Teil der Prüfung findest du **mögliche Fragen**, die du dem Prüfer stellen kannst, in den Corrigés-Teilen. Übe die Prüfungssituation ruhig vor einem Spiegel!
Für den dritten Teil der Prüfung gibt es **Musterdialoge** zu wichtigen Situationen in den Corrigés-Teilen, aus denen du Passagen in einem ersten Schritt auswendig lernen kannst. Versuche, sie dann mit einem Partner / einer Partnerin durchzuspielen und dabei möglichst frei zu sprechen.

 Denke immer daran: aus Fehlern lernt man! Wichtig ist dabei, dass du **Fehler verbesserst**. Notiere dir typische Fehler und deren Verbesserung und erstelle dir ein **Fehlerprotokoll**. Solltest du bei einzelnen Aufgaben sehr viele Fehler gemacht haben, **gehe sie nach der Verbesserung ruhig noch einmal durch**.